역사와
예언

이스라엘의 예언자들

역사와 예언

발행일_ 2025년 2월 7일
지은이_ 임봉대
발행인_ 이강준
펴낸곳_ 도서출판 조명문화사
서울특별시 마포구 독막로8길 10, 2층
전화 02-498-3017 팩스 02-498-3018
홈페이지 http://www.cmpress.co.kr
출판등록_ 1989년 7월 13일 제2-846호

ISBN_ 978-89-7257-548-1 93230
정가_ 18,000원

역사와 예언

이스라엘의 예언자들

임봉대

서문

기독교는 말씀의 종교다. 하나님의 말씀인 성경이 기독교 신앙의 중심이기 때문이다. 성경은 기록된 하나님의 말씀이지만, 그 말씀은 고정된 것이 아니며, 관념적이거나 추상적인 이론도 아니다. 하나님이 말씀으로 세상을 창조하신 것처럼(창 1:1), 말씀이 육신이 되어 우리 가운데 거하신 것처럼(요 1:14), 하나님의 말씀은 역사적이고 실제적인 삶의 현장에서 지금도 살아 역사하는 '사건'이다.

하나님의 말씀은 이스라엘의 역사 속에서 선포되었으며, 이스라엘의 예언자들은 자신들이 처한 구체적인 삶 속에서 하나님의 말씀을 대언(代言)한 사람들이다. 예언자들이 선포한 예언은 이스라엘 백성이 직면한 역사적 상황에 대한 하나님의 말씀이었다. 이스라엘의 예언자들에게 있어서 예언과 역사는 하나님의 주권 아래 불가분의 관계를 갖고 있다.

> 네가 만일 네 하나님 여호와를 잊어버리고 다른 신들을 따라 그들을 섬기며 그들에게 절하면 내가 너희에게 증거하노니 너희가 반드시 멸망할 것이라(신 8:19)

이것은 이스라엘의 예언자들이 가졌던 역사 인식을 명확하게 보여주는 대표적인 말씀이다. 예언자들은 이스라엘이 처한 신앙적 위기와 사회적 불의 등, 사회적 현실과 급변하는 국제적 정세를 정확하게 꿰뚫어 보는 역사적 안목을 갖고 있었으며, 하나님께서 주신 말씀을 자기 임의대로 왜곡하지 않고 하나님이 말씀하신 대로 선포하였다.

이 책은 이스라엘 예언자들의 예언 활동과 메시지를 그들이 살았던 역사적 배경 속에서 찾아보고 이해하고자 한다. 때로는 그들이 예언 활동을 한 시기와 그들의 예언이 실질적으로 기록된 시기가 다를 수도 있기 때문에, 예언적 메시지의 정확한 이해를 위해서는 최종적인 문헌으로 형성된 시기의 시대적 상황도 고려해야 한다.

이 책은 신학생들이나 성경에 대해 어느 정도 알고 있으면서 좀 더 깊이 배우고자 하는 사람들에게 도움이 되도록 하였다. 내용 중에 히브리어와 전문적인 신학적 지식을 필요로 하는 부분도 있는데, 그런 경우 다른 신학서적이나 자료를 찾아보려는 노력을 한다면 더욱 깊이 있는 이해를 할 수 있을 것이다.

구약성경에 있는 이스라엘의 예언자들을 상세하게 다루기에는 방법론이나 내용 면에서 너무 방대하기 때문에 이 책에서는 주로 역사적 관점에서 이스라엘의 예언과 예언자들의 예언 활동을 살펴보고, 각 예언서의 본문 이해와 주요 메시지들을 이해해 보고자 한다.

1. 구약성경의 예언서들은 대부분 그들이 활동한 시기에 대한 소개를 하면서 시작한다. 비록 한 두절로 짧게 예언자들이 활동한 시기를 언급하고 있지만, 그들이 선포한 예언을 이해하는 데 있어서 중요한 역사적 배경을 제공한다.

유다 왕 웃시야와 요담과 아하스와 히스기야 시대에 아모스의 아들 이사야가 유다와 예루살렘에 관하여 본 계시라(사 1:1)

아몬의 아들 유다 왕 요시야가 다스린 지 십삼 년에 여호와의 말씀이 예레미야에게 임하였고 요시야의 아들 유다의 왕 여호야김 시대부터 요시야의 아들 유다의 왕 시드기야의 십일년 말까지 곧 오월에 예루살렘이 사로잡혀 가기까지 임하니라(렘 1:2-3)

유다 왕 웃시야의 시대 곧 이스라엘 왕 요아스의 아들 여로보암의 시대 지진 전 이년에 드고아 목자 중 아모스가 이스라엘에 대하여 이상으로 받은 말씀이라(암 1:1)

이 책에서는 이스라엘 예언자들이 활동한 시대적 배경과 역사적 상황을 비교적 상세하게 설명함으로써 예언자들의 예언 활동과 메시지를 이해하는 데 도움을 주고자 한다.

2. 예언자의 소명체험에 대해서는 특히 서인석 교수의 "예언자의 소명체험"에 관한 글을 소개하고 있는데, 우리들은 어떤 유형의 소명체험이 있는지 생각해 보는 것도 좋을 것 같다. 예언서 중에서는 소명체험에 대한 구체적인 내용이 언급되고 있는 이사야, 예레미야와 에스겔의 경우를 살펴보았다.

3. 내용 이해는 각 예언서의 본문을 이해하는 데 도움을 줄 수 있도록 간략하게 정리하였다. 이 책의 본문 이해는 안내 역할을 하는 정도의 수준이므로 본문에 대한 상세한 분석과 깊이 있는 이해는 다른 주석서들이나 연구서들을 참고하는 것이 도움이 될 것이다.

4. 이스라엘 예언자들이 선포한 예언의 메시지는 다양하다. 이 책에서는 각 예언서들이 갖고 있는 대표적인 메시지를 중심으로 소개한다. 각 예언서의 주

요 메시지들은 그들이 직면한 역사적 상황 속에서 이루어진 것이지만, 오늘 우리들이 갖고 있는 문제들에 대한 신앙적인 해답을 제공해 줄 수 있는 중요한 메시지들이다.

5. 팁(Tip)은 특정한 용어나 문제에 대한 이론적, 신학적 설명을 함으로써 책의 내용을 좀 더 정확하게 파악하는 데 도움을 준다.

이 책은 구약에 나오는 이스라엘의 예언자들을 역사와 예언이라는 관점에서 다룬다. 특히 기독교인의 입장에서 구약의 본문이 신약에 어떻게 인용되고 있는 지를 살펴봄으로써 구약의 예언과 신약의 성취라는 성경전체의 흐름을 이해하고자 한다. 이상과 같은 분석과 이해를 통해 결론적으로 구약시대에 하나님께서 예언자들을 통해 그 시대에 필요한 말씀과 사명을 주셨던 것처럼 오늘을 살아가는 우리들에게 주시는 하나님의 말씀과 소명이 무엇인지를 스스로 깨닫고자 한다.

2025년 2월

임 봉 대

목차

Tip

예언이란 무엇인가?

우리는 흔히 '예언(預言, prophecy)'하면 앞으로 일어날 일에 대해 미리 말하는 것이라고 생각한다. 그러나 구약성경에서 예언은 단순히 미래의 사건을 예견하고 말해주는 것이 아니다. 예언은 하나님의 계획, 경고, 심판, 위로와 구원의 말씀을 듣고 대신 전하는 데 목적이 있다. 그런 의미에서 은행에 돈을 맡기는 것을 예금(預金)이라고 하는 것처럼, '예언(預言)'의 '예(預)'자는 "맡길 예(預)"로 이해하는 것이 좋다. 예언은 하나님이 맡긴 말씀을 대신 전하는 것이며 하나님의 말씀을 맡은 사람을 예언자(預言者)라고 한다.

예언자는 히브리어로 '나비(נָבִיא)'이며, 영어로는 'prophet'이라고 한다. 한국어 성경 개역개정판에는 '나비'가 '선지자'로 번역되어 있다. 영어의 'prophet'은 헬라어 '프로페테스(προφήτηѕ)'에서 나온 말로 '프로(προ)'는 '앞에'라는 뜻이고, '페테스(φήτηѕ)'는 '말하다'는 뜻이다. '앞에'라는 말을 시간적으로 이해하면 "미리 말하다", "미래에 일어날 일을 미리 말한다"라는 뜻이 되고, 공간적으로 이해하면, "사람들 앞에서 말한다"라는 뜻이 된다.

이스라엘 예언자들의 예언은 점쟁이나 무당이 미래를 점치는 것과는 전혀 다르다. 하나님은 점술가나 무당, 그리고 그와 관련된 주술 행위를 하는 자를 "여호와께 가증한 행위를 하는 자”(신 18:12)라고 하며 엄격하게 금하셨다.

> 그의 아들이나 딸을 불 가운데로 지나게 하는 자나 점쟁이나 길흉을 말하는 자나 요술하는 자나 무당이나 진언자나 신접자나 박수나 초혼자를 너희 가운데에 용납하지 말라(신 18:10-11)

이스라엘의 예언자들은 미래의 일을 점치는 점술가나 무당과 같은 존재들이 아니라 하나님의 말씀을 받아 사람들 앞에서 그 말씀을 전달하는 사람들이다. 하나님의 말씀은 미래뿐만 아니라 과거나 현재에 관련된 것일 수도 있다. 이스라엘 예언자들은 무슨 말씀이든지 하나님이 주신 말씀을 받아 하나님을 대신하여 사람들에게 전한 대언자(代言者)들이었다.

하나님의 형상대로 창조된 인간은 하나님과의 올바른 관계성 속에서 그 존재 의미를 갖는다. 그런데 죄로 인해 하나님과 인간의 관계가 파괴되었으며 “죄의 삯은 사망”(롬 6:23)이라는 말씀처럼 죽을 수밖에 없는 존재가 되었다. 그래서 하나님은 인간들이 삶과 역사 속에서 범한 죄의 문제를 심각하게 다룬다. 죄의 문제를 해결함으로 구원을 베풀기를 원하시는 하나님은 예언자를 선택하셔서 하나님의 관점에서 인간들의 죄를 지적하고 고발하도록 하였다. 이스라엘 예언자들은 하나님이 주신 예언을 통해 인간들이 죄를 깨닫도록 함으로써 죄를 회개하고 악에서 벗어날 것을 촉구하였다.

이스라엘 예언자들이 선포한 미래에 닥칠 재앙에 대한 심판 예언은 “지금 여기서 돌이키지 않으면 안 된다”고 하는 현재적 관심에서 비롯된 것이다. 예언자들의 미래에 이루어질 구원에 대한 희망적인 예언도 “지금 여기서 좌절하거나 절망하지 말고 끝까지 하나님을 신뢰하라”고 하는 메시지이다. 이스라엘 예언자들에게 하나님은 인간이 자기가 지은 죄로 인해 멸망당하기보다는 죄에서 돌이켜 회개함으로 구원받기를 원하시는 분이다. 더 나아가 이스라엘 예언자들이 선포한 하나님의 심판과 구원에 관한 예언은 이스라엘뿐만 아니라, 온 세상 모든 민족을 향한 말씀이다.

Tip 1

예언적 완료형(Prophetic perfect)

예언적 완료형은 이스라엘 예언자들이 사용하는 화법 중 하나로 미래의 사건을 이미 일어난 것처럼 묘사하는 것이다. 히브리어 문법에서 완료형(perfect form) 시제는 일반적으로 이미 완료된 과거의 행동을 나타낸다. 그러나 예언적 완료형의 경우 아직 일어나지 않은 사건을 이미 일어난 것처럼 묘사하는데, 이것은 그 일이 반드시 이루어질 것이라는 성취의 확실성을 강조한다. 예를 들어, 이사야 9장 6절에 “이는 한 아기가 우리에게 났고, 한 아들을 우리에게 주신 바 되었는데…”라는 말씀에서 “주신 바 되었는데”의 시제는 완료형인데, 미래에 올 아기가 이미 태어난 것처럼 선포하는 메시아적 예언이다.

예언적 완료형은 하나님의 뜻이 반드시 이루어진다는 것을 강조한다. 예언적 완료형은 이스라엘의 예언자들이 하나님의 약속의 확고함을 강조하고 메시지의 중요성을 전달하기 위해 사용하는 강력한 화법이다.

고대 근동의 예언자 전통들

고대 근동(Near East)은 지금의 중동 지역으로 메소포타미아에서 시리아-팔레스타인과 이집트에 이르는 지역을 일컫는다. 이스라엘뿐만 아니라 고대 근동 지역에는 신의 신탁을 받는 많은 예언자 전통이 있었다. 이러한 전통은 메소포타미아, 가나안, 이집트 등 여러 고대 근동 문화에서 두드러지게 나타난다.

1. 메소포타미아

메소포타미아의 아시리아(앗수르)나 바빌로니아(바벨론)에는 왕의 곁에서 꿈을 해석하고 주술로 예언하던 예언자들이 있었다. 수메르어로 예언자를 뜻하는 *luannabatu*나 앗카드어 *mahhu*는 "황홀경에 사로잡힌 자", "하늘을 향해 날아가는 남자"라는 뜻이다. 이들은 신과 인간 사이의 중재자로 여겨졌다. 예언자들은 꿈, 환상, 황홀한 상태, 또는 무의식 상태 등 다양한 현상을 통해 신의 메시지를 전했다. 이들의 예언은 주로 통치자들이 정치적인 문제나 군사적인 행동을 이슈타르(Ishtar), 마르둑(Marduk), 샤마쉬(Shamash) 같은 신의 이름으로 보장해 주고 합리화하는 역할을 하였다. 주전 18세기의 마리 서신(Mari Letters)과 같은 자료에는 예언자들이 왕의 조언자 역할을 한 것을 보여준다.

2. 가나안

고대 이스라엘과 밀접한 관련이 있는 가나안 문화에서도 예언 현상이 있었다. 시리아의 지중해변에 위치한 우가리트(Ugarit, 지금의 Ras Shamra)에서 발견된 토판들에는 바알(Baal, 천둥, 번개의 신), 아낫(Anat, 전쟁의 여신), 얌(Yam, 바다, 혼돈의 신), 모트(Mot, 죽음의 신) 등과 같은 가나안의 신들의 이야기들이 많이 기록되어 있는데, 그중에 신들과 소통한 사제나 예언자들에 대한 기록들도 있다. 가나안 예언자들은 주로 의식이나 축제 중에 황홀경에 빠져서 예언하였으며, 그들이 신접한 상황에서 받았다고 하는 신탁(Oracle)은 주로 농업이나 전쟁, 그리고 왕들의 통치에 관한 내용들이다.

3. 이집트

이집트는 제사장적인 전통이 매우 강하여 예언자적인 흔적이 많지는 않다. 이집트에서는 거룩한 소인 성우(聖牛)를 잡을 때 열광에 사로잡혀 예언하는 부류들이 있었다. 신과의 소통은 주로 신전에서의 신탁을 통해 이루어졌으며, 사제들은 아문(Amun)이나 라(Ra)와 같은 신들의 징조나 응답을 해석했다. 네페르티의 예언(Prophecy of Neferti)과 아문의 신탁(Oracle of Amun)은 예언적 성격의 문학으로 시적 또는 상징적 형태로 표현되었다. 그들의 예언은 주로 이집트 파라오의 정당성을 부여하거나 번영을 예측하거나 우주적 사건을 설명하는 데 사용되었다.

고대 근동의 예언자들은 왕권과 통치를 신의 이름으로 승인함으로 정통성을 부여하는 역할을 하였으며, 예언자들은 황홀경 상태나 신접한 의식적 행동을 통해 예언을 했다. 고대 근동의 예언자들과 이스라엘 예언자들을 비교해 볼 때, 고대 근동의 예언자들은 왕국의 옹호자로 왕이 신의 대변자임을 강조한 반면에 이스라엘의 예언자들은 대부분 왕권에 의한 불의나 혼합주의 제의정책을 강력하게 반대한 왕국의 비판자들이었다. 이스라엘 예언자들의 예언은 유일하신 여호와 하나님과 인간 사이에 맺은 언약에 뿌리를 두고 있다는 점에서 다신론적 배경을 가진 고대 근동의 예언자 전통과는 근본적으로 구별된다.

Tip 2

하나님의 고유명칭(יהוה)

한국어 성경 개역개정판에는 하나님의 고유명칭이 '여호와'로 나온다. 반면에 공동번역 성경에서는 하나님 명칭이 '야훼'로 되어 있으며, 새 번역 성경에서는 '주(主)'로 되어 있다. 히브리 성경에는 하나님의 고유명칭은 네 글자(Tetragrammaton)로 되어 있는데, יהוה, '요드(י)', '헤이(ה)', '와우(ו)', '헤이(ה)'이다. 히브리 성경은 본래 모음기호 없이 22개의 알파벳으로만 되어 있었다. 히브리 성경을 읽을 때 하나님의 고유명칭이 나오면, 히브리어로 '아도나이(אֲדֹנָי)'라고 읽었다. '아도나이'는 '나의 주님'이란 뜻이다.

후에 정확한 발음을 보존하기 위해 히브리 성경에 모음기호를 붙일 때 그 단어를 읽었던 발음에 따라 붙였다. 이것을 히브리어 문법에서는 "케티브(Ketiv, 쓰여 있는 것)", "케레(Qere, 읽으라)" 법칙이라고 한다. 하나님의 고유명칭인 네 글자를 '아도나이'라고 부르다 보니 본래 어떻게 발음이 되는지 알 수 없게 되었다. 그래서 모음기호를 붙일 때 하나님의 고유명칭인 네 글자에는 '아도나이'라고 읽으라고 해서 '아도나이'의 모음을 기호로 붙여서 'יְהוָה'라고 되어 있다.

그런데 이런 원칙을 모르고 네 글자와 거기에 있는 모음기호를 그대로 혼합해서 읽으면, '여호와(Jehovah)'가 된다. '여호와'란 명칭은 중세 라틴어 문헌에 처음 등장하였으며, 영어로는 윌리엄 틴데일 성경(William Tyndale Bible, 1526년)에 처음으로 'Jehovah'가 등장하면서 카버데일역(The Coverdale Version, 1535년), 제네바 성경(The Geneva Bible, 1560년), 제임스왕역(The King James Version, 1611년) 등에 단편적으로 나온다. 1901년 출판된 미국 표준역 성경(American Standard Version)은 구약성경에 나오는 신명 네 글자를 모두 'Jehovah'로 번역하였다.

한국어 성경은 구약성경이 1906년에 번역되었는데, 미국표준역성경에 있는 하나님 명칭 'Jehovah'를 그대로 음역하여 '여호와'로 번역하였다. 1911년 신구약(구역)이 출판된 이후 성경전서개역(1938년)과 1961년에 재개정한 개역한글판에 하나님 명칭 '여호와'가 그대로 사용되었으며, 이 성경은 한국의 대부분 기독교단에서 공인한 표준성경이 되었다.

성서학자들은 하나님의 고유명칭이 본래는 '야훼(יַהְוֶה)' 혹은 '야웨'일 것이라고 추측하고 있다. 그래서 공동번역 구약성서(1977년)는 하나님의 명칭을 '야훼'로 번역한 것이다. 그러나 이것도 추측일 뿐 정확하지 않다. 그래서 오늘날 학자들은 논의의 여지가 있는 하나님의 고유명칭을 히브리어의 영어음역의 첫 글자를 따서 모음기호 없이 'YHWH'라고 표기하기도 한다.

70인역은 히브리 성경의 하나님 고유명칭을 히브리어 '아도나이'에 맞춰서 '주'란 뜻의 '큐리오스(κύριος)'라고 번역하였다. 표준새번역(1993년)은 히브리어 '아도나이'와 같은 뜻인 '주'로 번역하였다. 현재 사용되는 대부분의 영어 성경도 하나님 명칭을 '주(the Lord)'로 번역하고 있다.

그러나 한국교회 성도들에게는 표준성경인 개역성경의 '여호와'가 하나님 명칭으로 확고하게 뿌리를 내리고 있어서 다른 명칭으로 변경하는 것이 현실적으로 어렵게 되었다. 그래서 개역개정판(1998년)도 히브리 원전과 비교하고 현대적 표현에 맞춰 본문을 수정하면서도 하나님의 고유명칭은 '여호와'로 그대로 두었다. 이 책에서도 대부분의 성경본문을 '개역개정판'에서 인용함으로 하나님의 고유명칭은 '여호와'로 사용하기로 한다.

구약의 예언서들

구약성경은 모두 39권으로 율법서, 역사서, 성문서, 예언서 등 크게 넷으로 나누어진다. 율법서는 다섯 권의 경전이라고 해서 오경(Pentateuch) 혹은 모세오경이라고도 한다. 이 순서는 주전 2세기경 헬라어로 번역된 성경인 70인역(Septuagint)에 따른 것이다. 한국어 성경이나 영어 성경 등 대부분의 기독교 성경들은 이 순서를 따르고 있다. 예언서는 구약성경의 네 번째 부분으로 이사야부터 말라기까지이다.

율법서	역사서	성문서	예언서
창세기 출애굽기 레위기 민수기 신명기	여호수아 사사기 룻기 사무엘상 사무엘하 열왕기상 열왕기하 역대상 역대하 에스라 느헤미야 에스더	욥기 시편 잠언 전도서 아가서	이사야 예레미야 예레미야애가 에스겔 다니엘 호세아 요엘 아모스 오바댜 요나 미가 나훔 하박국 스바냐 학개 스가랴 말라기

그러나 구약성경의 원어인 히브리 성경(Hebrew Bible)은 순서가 다르다. 히브리 성경은 크게 토라(Torah, 율법서), 네비임(Nevi'im, 예언서), 케투빔(Ketuvim, 성문서)으로 나누는데, 유대인들은 그 첫 글자들을 따서 '타나크(TaNaKh)'라고 한다.

토라 (Torah, 율법서)	네비임 (Nevi'im, 예언서)	케투빔 (Ketuvim, 성문서)
브레쉬트(태초에) – 창세기 쉐모트(이름들) – 출애굽기 봐이크라(그가 부르다) – 레위기 베미드바르(광야에서) – 민수기 드바림(말씀들)–신명기 히브리 성경에서 토라 다섯 권의 책 제목은 각 책의 처음 글자들 중에서 붙여졌다.	여호수아 사사기 사무엘 열왕기 이사야 예레미야 에스겔 12소예언서 (호세아, 요엘, 아모스, 오바댜, 요나, 미가, 나훔, 하박국, 스바냐, 학개, 스가랴, 말라기)	시편 잠언 욥기 다섯 절기 두루마리 ·아가서 – 유월절 ·룻기 – 오순절 ·애가 – 아브월 9일 ·전도서 – 초막절 ·에스더 – 부림절 다니엘 에스라·느헤미야 역대기

히브리 성경은 예언서 안에 역사서인 여호수아, 사사기, 사무엘, 열왕기를 포함하고 있다. 이들 역사서에는 이스라엘의 예언자들인 선견자들(seers)과 선지자들(prophets)의 활동이 일부 들어 있다. 그들은 비록 자기 이름으로 된 예언서를 별도로 갖고 있지는 않지만, 이스라엘 역사에서 하나님의 뜻을 대언(代言)하는 매우 중요한 역할을 하였다.

반면에, 한국어 성경이나 영어 성경에는 예언서의 목록에 들어가 있는 예레미야 애가와 다니엘서는 히브리 성경에서 성문서(Ketuvim)에 속해 있다. 히브리 성경에서 예레미야 애가는 이스라엘이 절기 중에 읽는 다섯 절기 두루마리 중의 하나로 예루살렘 성전이 파괴된 날인 아브(Av)월 9일에 낭독한다. 다니엘서는 구약의 묵시문학(apocalyptic literature)으로 예언서와는 구별된다.

Tip 3

히브리 성경(Hebrew Bible)과 70인역(Septuagint)

히브리 성경은 구약성경의 원어인 히브리어(일부 아람어)로 기록되어 있다. 히브리 성경을 마소라 본문(Masoretic Text 혹은 약자로 MT)이라고도 한다. '마소라(Masorah)' 는 '전통' 이란 뜻으로 6세기부터 유대인 서기관이나 랍비들이 본문의 보존을 위해 힘썼는데, 그들을 마소라 학자(Masoretes)라고 한다. 그들은 원래 자음으로만 되어 있던 본문에 모음기호를 추가함으로써 지금의 히브리 성경이 되었다. 현재 히브리 성경의 원본은 존재하지 않으며, 가장 오래된 히브리 성경 사본으로는 알레포 코덱스(Aleppo Codex, 10세기 경)가 있지만, 일부가 손실되어 불완전한 상태이다. 현대 히브리 성경은 레닌그라드 사본(Leningrad Codex, 1008년)을 표준 본문으로 하고 있다.

70인역은 헬라어로 '셉투아진트(Septuagint)'라고 하는데, 70명의 학자들이 헬라어로 번역한 성경이라고 해서 붙여진 이름이다. 70인역은 로마숫자로 LXX 라고 표기하기도 한다. L은 50, X는 10이기에 50+10+10으로 70이 된다. 70인역은 헬레니즘 시대인 주전 2-1세기 경 이집트의 알렉산드리아에서 헬라어를 사용하는 유대인을 위하여 번역된 것인데, 초대교회 기독교인들이 즐겨 사용하였으며, 헬라어로 기록된 신약성경에 나오는 구약성경의 본문은 대부분 70인역에서 인용한 것이다.

이스라엘 예언자의 등장

한국어 성경 개역개정판에서는 예언자(預言者)가 선지자(先知者)로 나온다. 이 글에서는 선견자와 구별할 때 선지자란 용어를 사용하고, 그 외에는 성경 본문에 나오는 선지자를 예언자와 같은 의미로 보고 예언자란 용어를 주로 사용하도록 한다.

구약성경에서 '선지자'라는 개념이 처음으로 등장하는 곳은 창세기이다. 그랄 왕 아비멜렉이 아브라함의 아내 사라를 데려가자 하나님이 아비멜렉의 꿈에 나타나 사라를 돌려줄 것을 말씀하시면서, 아브라함을 '선지자'라고 하셨다.

> 이제 그 사람의 아내를 돌려보내라 그는 선지자라 그가 너를 위하여 기도하리니 네가 살려니와 네가 돌려보내지 아니하면 너와 네게 속한 자가 다 반드시 죽을 줄 알지니라(창 20:7)

여기서 아브라함을 선지자라고 한 것은 아브라함과 하나님의 특별한 관계를 강조한 것이다. 아브라함처럼 예언자란 하나님과의 소통을 통해 다른 사람의 운명에 영향을 줄 수 있는 매우 특별한 존재이다.

출애굽시대의 모세는 이스라엘 백성들을 약속의 땅 가나안으로 인도하는 광야에서의 40년 동안 하나님과 자유롭게 소통하였던 예언자의 모델이다. 특별히 하나님은 이스라엘 백성들이 약속의 땅 가나안에 들어가면 모세와 같은 예언자를 일으킬 것이니 이방인들이 하는 점쟁이나 무당이나 신접자 같은 자들의 말을 듣지 말고 하나님이 세우신 예언자의 말을 들으라고 명령하셨다(신 18:9-15).

> 내가 그들의 형제 중에서 너와 같은 선지자 하나를 그들을 위하여 일으키고 내 말을 그 입에 두리니 내가 그에게 명령하는 것을 그가 무리에게 다 말하리라(신 18:18)

이 말씀에서 예언자는 하나님의 말씀을 받아 백성들에게 대언(代言)하는 말씀의 전달자임을 분명히 한다. 예언자는 하나님의 말씀을 받은 사람이며, 예언자가 하나님의 이름으로 전하는 말은 반드시 들어야 한다. 그렇지 않으면 심판을 받는다. 하나님의 말씀을 대언하는 예언자는 반드시 하나님이 전하라고 한 말씀을 전달해야 한다. 만일 예언자가 제 마음대로 하나님의 말씀이라고 하면서 거짓 예언을 하면 죽는다.

> 만일 어떤 선지자가 내가 전하라고 명령하지 아니한 말을 제 마음대로 내 이름으로 전하든지 다른 신들의 이름으로 말하면 그 선지자는 죽임을 당하리라 하셨느니라(신 18:20)

하나님이 약속하신 대로 이스라엘 백성이 약속의 땅 가나안에 정착한 후 사사시대를 거쳐 왕국시대가 시작되면서 하나님의 부름을 받은 예언자들이 본격적으로 등장하기 시작한다. 이스라엘 왕국시대 초기에는 사울과 다윗을 왕으로 기름 부은 사무엘, 다윗-솔로몬 시대의 나단과 갓, 그리고 이스라엘의 왕국 분열과 관련된 예언자 아히야 등이 있다. 열왕기서에 언급된 분열왕국시대의 대표적인 예언자는 엘리야와 엘리사인데, 그들의 예언 활동과 관련된 내용은 열왕기서에서 북이스라엘이나 남유다의 그 어떤 왕들보다 많은 분량을 차지하고 있다.

이스라엘의 예언자 명칭

구약성경에서 사용하는 이스라엘의 예언자 명칭으로는 선지자(prophet)와 선견자(seer)가 있다.

여호와께서 각 선지자와 각 선견자를 통하여 이스라엘과 유다에게 지정하여 이르시기를 너희는 돌이켜 너희 악한 길에서 떠나 나의 명령과 율례를 지키되 내가 너희 조상들에게 명령하고 또 내 종 선지자들을 통하여 너희에게 전한 모든 율법대로 행하라 하셨으나(왕하 17:13)

선지자와 선견자는 다 같은 예언자를 말하는 것이지만, 이스라엘 역사에서 선견자가 먼저이고 선지자는 나중에 부른 명칭이다.

옛적 이스라엘에 사람이 하나님께 가서 물으려 하면 말하기를 선견자에게로 가자 하였으니 지금 선지자라 하는 자를 옛적에는 선견자라 일컬었더라(삼상 9:9)

예언자의 명칭이 초기에는 선견자였다가 후에는 선지자로 불리게 된 것은 이스라엘이 유목문화에서 농경문화로 바뀌게 된 사회적 변화와 관련이 있다. 선견자는 유목문화적인 배경에서 나온 명칭이고, 선지자는 농경문화적인 배경에서 나온 명칭이라고 볼 수 있다.

1. 선견자(Seer)

이스라엘의 조상들인 아브라함과 이삭과 야곱은 양이나 염소 같은 소(小)가축을 키우면서 가까운 마을과 물물교환을 하며 사는 반(半)유목민(semi-nomad)이었다. 그들은 유목과 소규모 농업이 혼합된 형태로 주로 천막을 치고 살았으며, 계절에 따라 물과 목초지를 찾아 고지대와 저지대로 이동하며 가축에게 적합한 환경을 찾아다녔다. 이스라엘 백성들은 가나안에 정착한 이후 점차 농경사회로 바뀌고 왕국을 세우기까지 하였지만, 레갑 족속 등, 왕국시대에도 여전히 반(半)유목민 생활을 유지하는 부족들도 있었다.

성경에 유목민적 배경의 선견자(Seer)들로 대표적인 사람은 사무엘과 갓이다. 선견자는 히브리어로 '로에(רֹאֶה)'와 '호제(חֹזֶה)'가 있다. 로에의 어원은 '라아(רָאָה)'이고, 호제는 '하자(חָזָה)'이다. 모두 '본다(to see)'라는 뜻을 갖고 있다. 유목민에게 가장 중요한 것 중 하나가 '보는 것(to see)'이다. 건조한 사막기후에서 목초지를 찾아 이동하는 유목민들은 길이 없는 곳에서 길을 찾을 수 있는 눈을 가진 사람들이다. 일반 백성들은 보지 못하는 것을 볼 수 있는 뛰어난 안목을 갖고 있는 사람을 가리켜 '선견자'라고 부른다.

1) 로에(רֹאֶה)

창세기 13장에 보면, 가나안에 들어 온 아브라함과 그의 조카 롯의 목자들이 서로 다투게 되자 롯은 자기 눈에 보기에 좋은 땅인 소돔과 고모라를 향해 떠났다. 그곳은 "물이 넉넉하여 에덴동산 같고 애굽 같았지만, 소돔 사람은 여호와 앞에 큰 죄인이었다"(창 13:10-13). 롯이 아브라함을 떠난 후에 하나님께서 아브라함에게 말씀하셨다.

> 너는 눈을 들어 너 있는 곳에서 북쪽과 남쪽 그리고 동쪽과 서쪽을 바라보라 보이는 땅을 내가 너와 네 자손에게 주리니 영원히 이르리라(창 13:14-15)

여기서 '바라보라'는 '라아(רָאָה)' 동사의 명령형(imperative)이다. 하나님은 아브라함으로 하여금 하나님의 약속을 바라보게 하였다. 아브라함의 조카 롯은 자기 눈에 보기에 좋은 곳을 찾아 소돔과 고모라로 나아갔지만, 아브라함은 하나님이 가르쳐 주시는 곳을 바라보았다. '로에'는 하나님의 약속, 즉 하나님이 가르쳐 주는 곳을 바라볼 수 있는 영적인 안목을 가진 사람이다.

'로에'로 대표적인 인물은 사무엘이다(삼상 9:18). 사무엘은 사울에게 기름을 부어 이스라엘의 초대 왕으로 삼았다. 사무엘은 사울이 아말렉과의 전투에서 승리한 후 하나님의 말씀에 순종하지 않고 임의로 제물을 가져오는 것을 보고 "순종이 제사보다 낫고 듣는 것이 숫양의 기름보다 나으니"(삼상 15:22)라고 하면서 사울을 책망하였다. "순종이 제사보다 낫다"는 사무엘의 말은 이스라엘 예언자들에게 있어서 "형식적인 제사보다 하나님의 말씀에 순종하는 것이 더 중요하다"는 예언적인 메시지의 핵심이 되었다. 사울은 사무엘에게 책망을 받았을 때 자신의 잘못을 시인하거나 회개하지 않고 변명으로 일관했다. 선견자 사무엘은 이스라엘 왕국이 형성되는 과정에서 사울 왕이 하나님의 명령을 임의대로 처리하는 것을 단호하게 비판하고, 하나님의 영역에 침범하고자 하는 사울에게 심판의 메시지를 전했다. 결국 사울은 불순종으로 인해 하나님께 버림을 받았으며, 사무엘은 사울을 대신하여 다윗을 왕으로 기름부었다 (삼상 16장).

이스라엘의 분열왕국시대에 남유다의 아사 왕 때 활동하였던 예언자 하나니(Hanani)도 선견자였다.

> 그 때에 선견자 하나니가 유다 왕 아사에게 나와서 그에게 이르되 왕이 아람 왕을 의지하고 왕의 하나님 여호와를 의지하지 아니하였으므로 아람 왕의 군대가 왕의 손에서 벗어났나이다(대하 16:7)

선견자 하나니는 유다 왕 아사가 아람 왕 벤하닷에게 의지한 것을 비판하였으며, 화가 난 아사 왕은 하나니를 감옥에 가두었다. 하나니는 유다 왕국의 신앙적 타락과 이방 왕을 의지하는 정치적 선택을 비판하면서 하나님의 뜻과 경고의 메시지를 전달했다.

2) 호제(חֹזֶה)

'호제'의 어원은 '하자(חָזָה)'로 '본다(to see)'라는 뜻이다. 특히 우리가 흔히 사용하는 비전(vision)을 말할 때, 히브리어로 '호제'라는 단어를 사용한다.

> 다윗 왕의 행적은 처음부터 끝까지 선견자 사무엘의 글과 선지자 나단의 글과 선견자 갓의 글에 다 기록되고(대상 29:29)

여기서 선견자 사무엘은 '로에'로, 선지자 나단은 '나비'로, 선견자 갓은 '호제'로 명명하고 있다. 같은 선견자이지만, 갓은 히브리어로 '호제'라고 불린 예언자이다(삼하 24:11). 선견자 갓은 다윗이 사울에게 쫓기던 망명시절부터 함께 있었는데(삼상 22:5), 다윗이 왕위에 오른 후에는 다윗의 제왕적인 정책에 반대하면서 일반 백성의 권리를 위해 투쟁하였다.

갓은 다윗이 하고자 했던 인구조사사업을 좌절시켰다(삼하 24장). 출애굽시대에 하나님은 모세에게 직접 인구조사를 명하셨다(민 1장, 26장). 그런데 다윗의 인구조사는 하나님의 명령 없이 다윗 자신의 결정으로 이루어진 것으로 역대기는 사탄이 다윗을 충동했다고 한다(대상 21:1). 모세의 인구조사는 하나님께 속한 백성을 성막을 중심으로 조직화하고 약속의 땅을 지파별로 분배하기 위한 것이었다. 반면에 다윗의 인구조사는 하나님이 보시기에 백성이 왕께 속하였다고 생각한 교만함이었다. 다윗은 인구조사를 통해 왕권을 위한 세금과 군사력을 확보하고자 하였을 것이다. 다윗은 선견자 갓의 비판에 자신의 잘못을 인정하고 용서를 구했다(삼하 24:14). 다윗은 자신의 죄를 깨닫고 회개하였지만, 다윗의 인구조사로 인해 많은 백성들이 전염병으로 죽는 고통을 당했다(삼하 24:15).

여로보암의 행적을 기록한 잇도(대하 9:29; 12:15)와 유다 왕 여호사밧에게 경고한 하나니의 아들 예후도 선견자(대하 19:2)였다. 아버지 하나니는 '로에'로 아들 예후는 '호제'로 명명한 것을 보면, '로에'와 '호제'는 거의 같은 의미로 쓰인 것 같다.

다윗 왕 시대에 활동했던 음악가인 아삽도 '호제'이다. 아삽은 단순히 음악가가 아니라 하나님의 말씀을 깊이 깨닫고 전하는 선견자적인 역할도 수행했던 것으로 보인다.

히스기야 왕이 귀인들과 더불어 레위 사람을 명령하여 다윗과 선견자 아삽의 시로 여호와를 찬송하게 하매 그들이 즐거움으로 찬송하고 몸을 굽혀 예배하니라(대하 29:30)

아삽은 레위인으로 성전에서 찬양과 예배를 인도하였다. 시편 150편 중 12편이 아삽의 시편이다. 아삽의 이름은 시편 50편, 73편에서 83편까지의 표제어에 나온다. 아삽의 시편은 하나님의 공의와 정의, 그리고 백성에 대한 경고와 위로를 담고 있어 매우 깊은 신학적 통찰을 보여준다. 예루살렘 성전 성가대는 아삽의 후손들로 구성되었으며, 바벨론 포로에서 돌아온 사람들이 성전의 기초를 놓을 때에도 찬양을 하였다.

건축자가 여호와의 성전의 기초를 놓을 때에 제사장들은 예복을 입고 나팔을 들고 아삽 자손 레위 사람들은 제금을 들고 서서 이스라엘 왕 다윗의 규례대로 여호와를 찬송하되(스 3:10)

2. 선지자(Prophet)

선지자는 히브리어로 '나비(נָבִיא)'라고 하는데, 동사는 '히트나베(הִתְנַבֵּא)'로 '열광하다', '황홀경에 빠지다'는 뜻이다. 사무엘상 10장 9-13절에 보면, 사울에게 하나님의 영이 임하여 선지자들 중에서 예언을 하니 "사울도 선지자들 중에 있느냐?"(삼상 10:12)는 속담이 생겼다고 한다. 여기서 '선지자'는 히브리어로 '나비'이다. '나비'는 본래 가나안의 농경문화적인 배경을 가진 예언자 명칭이었지만, 이스라엘 왕국시대가 시작되면서 '나비'는 예언자를 가리키는 일반적인 명칭이 되었다.

구약성경에서 이스라엘 예언자들은 대부분의 명칭이 '나비'로 되어 있지만, 그들의 삶과 메시지는 '호제'와 '로에' 같은 선견자적인 요소가 매우 강했다. 황홀경에 빠져 무의식 중에 예언하는 가나안 예언자들과 달리 이스라엘 예언자들은 복잡한 시대적인 상황을 꿰뚫어 보는 탁월한 안목과 여호와 신앙에 기초한 확고한 역사의식을 갖고 있었다.

창세기 20장 7절에 아브라함을 가리켜 '선지자'라고 하였는데, 이는 아브라함이 가나안적인 예언현상을 갖고 있던 예언자란 뜻이 아니라 "하나님의 사람"임을 강조한 것이다. 아브라함은 하나님의 말씀을 들을 때 선견자들이 가졌던 영적인 안목을 갖고 있었다. 창세기 15장 1절에서 아브라함은 환상 중에 하나님의 말씀을 듣게 된다.

> 이 후에 여호와의 말씀이 환상 중에 아브람에게 임하여 이르시되 아브람아 두려워하지 말라 나는 네 방패요 너의 지극히 큰 상급이니라(창 15:1)

여기서 "환상 중에"라는 말은 히브리어로 '마하제(מַחֲזֶה)'이며, 영어로 '비전(vision)'이란 뜻이다. '마하제'는 선견자 '호제'와 같은 어원을 갖고 있다. 아브라함은 육신의 눈에 보이는 것에 얽매이기보다는 하나님의 약속을 바라볼 수 있는 영적인 비전과 믿음을 갖고 있었다.

> 믿음으로 아브라함은 부르심을 받았을 때에 순종하여 장래의 유업으로 받을 땅에 나아갈 새 갈 바를 알지 못하고 나아갔으며 믿음으로 그가 이방의 땅에 있는 것 같이 약속의 땅에 거류하여 동일한 약속을 유업으로 함께 받은 이삭 및 야곱과 더불어 장막에 거하였으니 이는 그가 하나님이 계획하시고 지으실 터가 있는 성을 바랐음이라(히 11:8-10)

1) 나단

다윗 왕 시대의 예언자인 나단은 구약성경에서 선지자로 나오지만, 대부분의 학자들은 그를 선견자로 분류한다. 선지자 나단은 다윗이 성전을 짓겠다고 하자 하나님이 다윗의 성전 건축을 원치 않으신다고 하는 말씀을 전하면서(삼하 7:5-6), 하나님이 다윗과 언약을 체결하고 그의 후손이 성전을 건축하게 되고 다윗의 왕조는 영원히 지속될 것을 예언한다.

> 네 수한이 차서 네 조상들과 함께 누울 때에 내가 네 몸에서 날 네 씨를 네 뒤에 세워 그의 나라를 견고하게 하리라 그는 내 이름을 위하여 집을 건축할 것이요 나는 그의 나라 왕위를 영원히 견고하게 하리라(삼하 7:12-13)

다윗은 밧세바와 간음한 후 밧세바가 임신한 것을 감추려고 밧세바의 남편이자 충직한 장군인 우리아를 죽게 하였다. 나단은 다윗을 찾아가 비유를 들어 그의 죄를 책망하며 하나님의 심판의 메시지를 전하였다(삼하 11-12장). 시편 51편은 다윗이 나단으로부터 밧세바 사건에 관한 책망을 들은 후에 쓴 참회시로 알려져 있다. 다윗이 밧세바와 간음하여 태어난 아들은 죽었으며, 하나님은 그 대신 밧세바를 통해 솔로몬을 아들로 주셨다(삼하 12:24). 다윗이 죽은 후 나단은 솔로몬과 아도니야의 왕위 쟁탈전에서 밧세바와 함께 솔로몬을 도와서 왕위에 오를 수 있도록 하였으며(왕상 1장), 나단은 다윗 왕의 행적을 기록하였다(대상 29:29).

다윗의 뒤를 이어 왕위에 오른 솔로몬은 경제적 번영을 이루고 지혜문학을 발전시키는 등 이스라엘 역사의 황금시대를 꽃피운다. 솔로몬은 다윗이 계획하였던 성전을 완공하고 봉헌함으로써 예루살렘 성전이 하나님이 임재하시는 예배의 중심지가 되도록 하였다(왕상 6-8장). 그러나 솔로몬은 말년에 이방 여인들과의 결혼으로 시돈의 아스다롯, 암몬의 밀곰을 따르고, 모압의 그모스를 위해 신당을 짓는 등 우상숭배에 빠졌다(왕상 11:1-8). 하나님은 불순종한 솔로몬에게 나라가 분열될 것이라는 심판의 메시지를 전하였다.

여호와께서 솔로몬에게 말씀하시되, 네가 이러한 일을 행하였고 또 내가 네게 명령한 내 언약과 법도를 지키지 아니하였으니, 내가 반드시 이 나라를 네게서 빼앗아 네 신하에게 주리라. 그러나 네 아버지 다윗을 위하여 네 시대에는 이 일을 행하지 아니하고, 네 아들의 손에서 빼앗으리라(왕상 11:11-13)

Tip 4

다윗의 통일왕국과 남북분열의 씨앗

이스라엘의 왕국시대는 선견자 사무엘이 백성들의 요청에 따라 베냐민 지파의 사울을 왕으로 세움으로써 시작되었다(삼상 10장). 그러나 사울이 하나님의 말씀에 계속 불순종하자 사무엘은 사울을 대신해 유다 지파의 다윗을 왕으로 기름부었다(삼상 16:1-23). 다윗은 사울이 죽은 후 먼저 유다의 헤브론에서 왕이 되었다(삼하 2:1-4). 헤브론은 유다 지파의 대표적인 도시로 아브라함과 사라 등 이스라엘 조상들의 묘가 있는 곳이기도 하다. 다윗이 헤브론에서 유다의 왕이 되었을 때, 사울의 아들 이스보셋은 유다 지파를 제외한 에브라임과 베냐민, 그리고 다른 이스라엘 지파들의 왕이 되었으며, 유다와 이스라엘 사이에 전쟁이 벌어졌다(삼하 2장). 사울의 군사령관으로 이스보셋을 왕위에 올렸던 아브넬이 살해를 당하고, 이스보셋도 죽임을 당하자 북이스라엘의 장로들이 다윗에게 와서 자신들의 왕도 되어 줄 것을 요청하였다(삼상 4-5장).

다윗은 30세에 왕 위에 올라 7년 6개월 동안 헤브론에서 유다를 다스렸고, 예루살렘에서 33년 동안 이스라엘과 유다를 다스렸다(삼상 5:4-5). 다윗의 통일왕국은 다윗이라는 한 인물의 강력한 지도력에 의해 유다 지역과 북이스라엘 지역이 하나로 묶여 있었다고 할 수 있다. 다윗은 왕권의 정통성을 위해 그때까지 기나안 여부스 족속의 성읍이던 예루살렘을 정복하여 통일왕국의 수도로 삼았으며, 법궤를 예루살렘으로 옮겨 왔다. 다윗은 사울과 요나단, 그리고 이스보셋의 죽음을 애통해하며 극진하게 장사를 지냈을 뿐만 아니라 사울의 남은 가족들에 대한 예우를 아끼지 않았다.

그러나 다윗이 통치하는 동안에 왕권의 정통성에 대한 도전은 끊이지 않았다. 다윗의 아들 압살롬은 배다른 형제 암논이 자기 누이 다말을 욕보인 것에 화가 나서 암논을 죽이고 헤브론에서 반란을 일으켰다. 압살롬은 다윗이 헤브론에서 왕이 되었으면서도 나중에 왕국의 수도를 예루살렘에 이전한 것에 대한 불만을 갖고 있던 유다 사람들을 부추겨 다윗에게 반란을 일으킨 것이다. 다윗이 압살롬의 반란으로 인해 예루살렘을 도망쳐 나올 때 베냐민 지파의 시므이가 쫓아오면서 돌을 던지고 저주를 하였다.

> 사울의 족속의 모든 피를 여호와께서 네게로 돌리셨도다. 그를 이어서 네가 왕이 되었으나 여호와께서 나라를 네 아들 압살롬의 손에 넘기셨도다. 보라 너는 피를 흘린 자이므로 화를 자초하였느니라 하는지라(삼하 16:8)

당시 베냐민 지파 사람들은 이스라엘의 왕권이 베냐민 지파인 사울의 족속으로 이어져야 하는데, 유다 지파의 다윗이 강탈한 것이라고 생각하였다. 이러한 생각은 베냐민 지파의 세바가 일으킨 반란에서 분명하게 드러난다. 베냐민 지파의 세바는 유다 지파 출신의 다윗이 다른 이스라엘 지파들과 무슨 관계가 있느냐며 반란을 일으켰다.

> 마침 거기에 불량배 하나가 있으니 그의 이름은 세바인데 베냐민 사람 비그리의 아들이었더라. 그가 나팔을 불며 이르되 우리는 다윗과 나눌 분깃이 없으며 이새의 아들에게서 받을 유산이 우리에게 없도다. 이스라엘아 각각 장막으로 돌아가라(삼하 20:1)

이스라엘 왕국은 다윗-솔로몬 시대에 통일왕국을 이루고 있었지만, 솔로몬이 죽은 후 왕권이 급격히 약화되면서 분열의 길을 걷게 된다. 남유다와 북이스라엘은 다윗과 솔로몬의 강력한 왕권에 의해 하나로 통합되어 있었지만, 이스라엘 왕국의 분열의 씨앗은 이미 다윗 왕 때부터 시작되었다고 볼 수 있다.

2) 예언자 아히야

아히야는 이스라엘 왕국이 분열될 당시 활동했던 실로(Shiloh)의 예언자였다. 실로는 출애굽한 이스라엘 백성들이 요단강을 건너 약속의 땅 가나안에 들어온 후 하나님의 장막인 성막을 세워 놓았던 곳이었다(수 18:1). 실로는 이때부터 이스라엘 왕국시대 이전까지 이스라엘 12지파의 중심지였던 곳이다. 솔로몬이 다윗 성읍의 무너진 곳을 수축할 때, 예언자 아히야는 길을 가다가 요셉 족속의 일을 감독하였던 에브라임 지파의 여로보암을 만났다. 아히야는 자신의 새 옷을 12조각으로 찢어 10조각을 여로보암에게 주었다.

> 아히야가 자기가 입은 새 옷을 잡아 열두 조각으로 찢고 여로보암에게 이르되 너는 열 조각을 가지라 이스라엘의 하나님 여호와의 말씀이 내가 이 나라를 솔로몬의 손에서 찢어 빼앗아 열 지파를 네게 주고(왕상 11:30-31)

여기서 옷은 히브리어로 '살마(שַׂלְמָה)'인데, 히브리어로 '솔로몬(שְׁלֹמֹה)'과 같은 단어이다. 이것은 같은 단어이지만 다른 의미를 갖고 있는 용어를 통해 메시지를 강조하는 화법인 언어유희(wordplay)이다. 예언자 아히야가 자기의 옷을 12조각으로 찢어 여로보암에게 10조각을 주었다는 것은 하나님께서 솔로몬 왕국을 12조각으로 나누어 그중에 10조각을 여로보암에게 주겠다는 뜻이다. 이 사실을 알게 된 솔로몬이 여로보암을 죽이려고 하자 여로보암은 이집트로 피신했다가 솔로몬이 죽은 후 다시 돌아왔다.

여로보암은 솔로몬의 뒤를 이어 왕위에 오른 르호보암을 만나서 "왕의 아버지가 우리의 멍에를 무겁게 하였으나 왕은 이제 왕의 아버지가 우리에게 시킨 고역과 메운 무거운 멍에를 가볍게 하소서 그리하시면 우리가 왕을 섬기겠나이다"(왕상 12:4)라고 요구하였다. 그러나 르호보암은 여로보암의 말대로 하라는 노인들의 말을 듣지 않고 자기와 함께 자란 젊은 신하들의 충고를 따라 "내 아버지는 너희의 멍에를 무겁게 하였으나 나는 너희의 멍에를 더욱 무겁게 할지라. 내 아버지는 채찍으로 너희를 징계하였으나 나는 전갈 채찍으로 너희를 징치하리라"(왕상 12:14)고 대답하였다. 르호보암이 말을 듣지 않자 여로보암을 중심으로 한 이스라엘 지파들이 유다 지파와 분리해 나감으로써 이스라엘 통일왕국은 남유다와 북이스라엘로 분열되었다.

> 우리가 다윗과 무슨 관계가 있느냐 이새의 아들에게서 받을 유산이 없도다. 이스라엘아 너희의 장막으로 돌아가라 다윗이여 이제 너는 네 집이나 돌아보라 하고 이스라엘이 그 장막으로 돌아가니라(왕상 12:16)

이 말씀은 다윗 왕 시대에 베냐민 지파의 시바가 반란을 일으키며 했던 말로 당시 남북분열의 씨앗을 담고 있는 정치적 슬로건(slogan)이다. 이스라엘 왕국의 분열은 실로 사람 아히야 예언자가 여로보암에게 했던 말을 이룬 것이었다. 남유다는 르호보암이 계속해서 다스리고 북이스라엘은 여로보암이 왕이 되었다. 그 후 솔로몬의 아들 르호보암이 나라를 회복하려고 유다 지파와 베냐민 지파의 군사들을 모아 전쟁하려고 할 때 예언자 스마야가 나서서 남북분열이 하나님의 뜻임을 말하면서 전쟁을 막았다(왕상 12:21-24).

주전 930년 북이스라엘의 왕이 된 여로보암은 북이스라엘 백성들이 절기 때 예루살렘에 내려가 성전에서 제사 지내는 것을 금지하고, 북이스라엘의 남쪽 벧엘과 북쪽 끝에 있는 단에 별도의 국가 성소를 세우고 금송아지를 만들어 섬기게 함으로써 북이스라엘을 우상숭배의 나라로 만들어 버렸다. 이것을 본 예언자 아히야는 여로보암에게 "네 이전 사람들보다 더 악을 행하고 가서 너를 위하여 다른 신을 만들며 우상을 부어 만들어 나를 노엽게 하고 나를 네 등 뒤에서 버렸도다"(왕상 14:9)라고 책망하면서 "내가 여로보암의 집에 재앙을 내려 여로보암에게 속한 사내는 이스라엘 가운데 매인 자나 놓인 자나 다 끊어 버리되 거름 더미를 쓸어버림 같이 여로보암의 집을 말갛게 쓸어 버릴지라"(왕상 14:10)는 하나님의 심판을 예언하였다.

처음에 예언자 아히야가 남북분열을 하나님의 뜻으로 여기고 여로보암을 지지했던 것은 국제결혼을 통한 우상숭배와 백성들을 동원한 강제노역 등, 솔로몬의 절대왕권에 대한 비판적인 시각 때문이었다. 여기서 예언자 아히야가 실로 출신임을 주목해 볼 필요가 있다. 실로는 왕국 시대 이전에 하나님의 임재를 상징하는 성막이 있던 이스라엘의 전통적인 신앙의 중심지였다. 이스라엘 12지파는 하나님께서 약속하신 땅을 분배

받아 정착하고, 각 지파의 족장들이 지도자가 되어 자치적으로 생활을 하였다(수 13-21장). 그러나 솔로몬은 왕국의 효과적인 통치를 위해 전통적인 지파 경계를 무시하고 왕국의 필요성에 따라 열두 지방으로 나누었다(왕상 4:7-19). 솔로몬은 각 지방에서 왕이 직접 임명한 지방장관을 두어 통치하고, 왕궁에 필요한 식량과 물자들을 조달하도록 하였다.

아히야는 솔로몬이 죽고 난 후 여로보암이 이스라엘의 옛 전통과 신앙을 회복해 주기를 기대했던 것으로 보인다. 하지만 여로보암은 북이스라엘의 왕이 된 후 자신의 왕권을 공고히 하기 위해 북이스라엘 백성들이 남유다 왕국의 수도인 예루살렘 성전에서 제사 드리는 것을 금하고, 북이스라엘의 벧엘과 단에 별도의 성소를 세우고 금송아지를 만들어 숭배하도록 함으로써 여호와 앞에 큰 악을 행하였다. 아히야는 자신의 기대와는 달리 예루살렘 성전을 멀리하고 우상을 만들어 악한 길로 간 여로보암의 집안이 끊어질 것을 선포하였던 것이다. 아히야의 예언대로 여로보암의 집안은 완전히 망하였으며, 이후 여로보암은 이스라엘 왕들의 죄를 평가하는 기준이 되었으며, 여로보암의 혼합주의 제의는 이스라엘의 예언자들이 왕권을 비판하는 가장 중요한 이유 중 하나가 되었다.

그가 여로보암의 길로 행하며 내 백성 이스라엘로 범죄케 하였으니(왕상 14:16; 15:30, 34; 16:2, 19, 26, 31; 22:53; 왕하 3:3; 10:29 등)

이스라엘 예언자들에게 있어서 예언은 단순히 미래를 예측하는 것이 아니라, 하나님의 말씀을 받아 사람들에게 선포하는 것을 말한다. 이스라엘의 예언자들은 백성들이 죄로 인해 하나님과의 관계가 멀어진 것을 고발하고, 하나님과의 관계 파괴에서 오는 재앙을 경고하면서, 하나님 편에 서서 하나님께로 다시 돌아올 것을 촉구한다. 이스라엘 예언자들은 이스라엘 백성들에게 회개를 촉구하고 죄에 대한 심판의 메시지를 전파함으로 하나님과의 관계를 회복하고자 하였으며, 그들은 무질서를 초래하는 폭력적 개혁을 부르짖지 않고, 평화의 왕국을 열어 줄 공의와 질서의 결합을 추구하였다.

예언자의 소명체험

이스라엘 예언자들은 어느 특정 시점에 하나님의 소명을 체험한 경우가 많았다. 이스라엘의 제사장 직은 아론의 후손인 레위 족속만이 세습해서 행사할 수 있었다. 제사장으로 서품을 받기 위해서는 까다로운 규범이 적용되었으며, 육체적으로나 가정적으로 결함이 없어야 했다(레 21장). 그러나 예언자들의 경우 특정 제약이나 조건이 없었다.

예언자들은 주로 남자들이었지만, 미리암(출 15:20), 드보라(삿 4:4), 훌다 (왕하 22:14) 등 여자 예언자들도 있었다. 특정 지파가 예언자 직을 독점하지 않았으며, 직업이나 집안도 다양하였다(예레미야-제사장 가문 출신, 이사야-귀족계급, 엘리사-농부, 아모스-목자). 하나님은 성별, 출신부족, 사회계급, 생활양식, 나이, 육체적 조건에 상관없이 언제나 필요로 하시는 인물을 예언자로 선택하셨다.

예언자의 소명체험은 예언자의 사상뿐만 아니라 그들의 전 생애를 지배하는 근원적인 체험이었으며, 예언자가 소명을 체험한 후 선포한 말씀은 하나님으로부터 받은 말씀을 전달한 것이다. 예언자는 하나님의 전권대사로서 하나님의 말씀을 선포할 사명을 수행한 대언자(代言子)였다. 예언자의 소명유형을 크게 둘로 나누면, 하나는 모세, 기드온, 예레미야의 경우처럼, 처음에는 하나님의 소명을 받아들이길 주저하거나 거부하는 경우이다. 다른 하나는 미가야(이믈라의 아들)나 이사야처럼 하나님의 소명을 받고 자진해서 나서는 경우이다.

서인석 교수는 그의 논문 "예언자들의 소명체험"[1]에서 예언자의 소명체험 유형을 크게 4가지로 구분하였다. 서인석 교수의 소명체험 유형은 오늘 우리들은 어떤 유형의 소명체험을 받은 것인지 생각해 볼 수 있는 좋은 예를 제시하고 있어 여기에 소개하고자 한다.

첫째, 군대식 소명유형으로 요나가 대표적이다.

요나서 1장 2절에 "너는 일어나 저 큰 성읍 니느웨로 가서 그것을 향하여 외치라"는 간결한 명령형 동사로 되어 있다. 요나서 3장 2절에 다시 반복되고 있다. 가장 고전적인 형식의 예언자 소명유형으로 아브라함의 소명체험에서도 찾아 볼 수 있다.

> 여호와께서 아브람에게 이르시되 너는 너의 고향과 친척과 아버지의 집을 떠나 내가 네게 보여 줄 땅으로 가라(창 12:1)

마치 전투에 임하는 장교와 병사들 간에 이루어지는 군대의 명령체계처럼 하나님은 명령하시고 예언자는 실천한다. 여기엔 토의나 질의응답이 없다. 이와 같은 모습은 마태복음 8장에 예수와 백부장의 만남에서도 볼 수 있다. 백부장은 로마 군

1 서인석, "예언자의 소명체험유형," 「신학전망」 26, 광주가톨릭대학교 신학연구소, 1974, 175-203.

대의 장교이다. 부하가 병들었을 때 예수께서 가서 고쳐주겠다고 하시니, "백부장이 대답하여 이르되 주여 내 집에 들어오심을 나는 감당하지 못하겠사오니 다만 말씀으로만 하옵소서. 그러면 내 하인이 낫겠사옵나이다. 나도 남의 수하에 있는 사람이요 내 아래에도 군사가 있으니 이더러 가라 하면 가고 저더러 오라 하면 오고 내 종더러 이것을 하라 하면 하나이다"(마 8:8-9). 예수는 놀라시며 "이스라엘 중 아무에게서도 이만한 믿음을 보지 못했다"(마 8:10)라며 칭찬하셨다.

군대식 소명유형에서 하나님은 모든 명령을 내리는 총사령관이다. 예언자는 하나님의 명령대로 하든지 아니면 탈영하든지 둘 중 하나뿐이다. 요나는 하나님의 명령에 불복종하여 배를 떠나 먼 곳으로 가려고 하였지만, 결국 하나님께 붙잡혀 하나님의 명령에 순종하였다. '가라' 하면 가는 것이 예언자의 길이며, 다른 선택의 여지가 없다는 것을 예언자 아모스도 분명하게 말하였다.

> 사자가 부르짖은즉 누가 두려워하지 아니하겠느냐 주 여호와께서 말씀하신즉 누가 예언하지 아니하겠느냐(암 3:8)

둘째, 주인, 마름의 소명유형으로 예레미야가 대표적이다.

마름은 종이지만, 주인의 전권을 위임받아 집안 살림을 돌보는 사람이다. 마름은 주인의 두터운 신뢰 속에 나름대로 자신의 의견을 말할 수 있다. 예언자는 하나님의 종이지만, 예레미야처럼 하나님의 부르심에 대해 자신의 의견을 내세우기도 한다.

하나님은 예레미야에게 “내가 너를 모태에 짓기 전에 너를 알았고 네가 배에서 나오기 전에 너를 성별하였고 너를 여러 나라의 선지자로 세웠노라”(렘 1:5)라고 말씀하시며 예언자로 부르셨다. 예레미야는 “슬프도소이다 주 여호와여 보소서 나는 아이라 말할 줄을 알지 못하나이다”(렘 1:6) 하고 하나님의 부르심에 선뜻 응하지 않는다. 그러자 하나님은 “너는 아이라 말하지 말고 내가 너를 누구에게 보내든지 너는 가며 내가 네게 무엇을 명령하든지 너는 말할지니라”(렘 1:7)라며 예레미야를 설득하신다. 그리고 말씀하시기를 “너는 그들 때문에 두려워하지 말라 내가 너와 함께 하여 너를 구원하리라 나 여호와의 말이니라”(렘 1:8)고 약속하신다.

예레미야의 소명체험은 대화토론식의 구조이다. 예레미야에게 있어서 소명은 하나님과의 대화요 씨름이다. 이와 같이 하나님께서 대화를 통해 설득시키면서 소명을 부여하는 모습을 모세(출 3장)와 기드온(삿 6:11-24) 등에게서도 찾아 볼 수 있다. 주인, 마름의 소명유형에서 예언자는 하나님의 신뢰받는 종으로 자신의 소명에 대해 하나님과 대화를 나누는 인간의 자유가 부각된다.

주 여호와께서는 자기의 비밀을 그 종 선지자들에게 보이지 아니하시고는 결코 행하심이 없으시리라(암 3:7)

하나님의 소명 앞에 자신의 무능력이나 죄의식, 혹은 자질부족으로 인한 예언자의 항변보다 하나님의 선택과 메시지 선포가 우선이다. 이와 같이 소명체험은 내적 투쟁과 고뇌를 전제한다. 그러나 이것은 사명포기가 아니라, 하나님과의 대화를 통해 사명완수에 이를 수 있는 가능성을 보여주는 것이다. 문제는 하나님과의 끊임없는 대화, 즉 기도하는 자세에 그 해결책이 있다.

셋째, 왕, 조언자의 소명유형으로 이사야가 대표적이다.

이사야는 성전에서 여호와의 어전회의 광경을 보게 된다(사 6:1). 이사야는 지극히 거룩한 곳에 들어온 자신의 부정함을 깨닫고 죄를 고백한다.

> 화로다 나여 망하게 되었도다. 나는 입술이 부정한 사람이요 나는 입술이 부정한 백성 중에 거주하면서 만군의 여호와이신 왕을 뵈었음이로다(사 6:5)

이사야는 스랍 중 하나가 숯불을 가져와 자기의 입술에 대며 "네 죄가 사하여졌나"(사 6:7)는 말을 들었다. 그리고 주께서 "내가 누구를 보내며 누가 우리를 위하여 갈꼬"(사 6:8상) 하고 지원자를 물색하시니 이사야가 나서서 "내가 여기 있나이다 나를 보내소서"(사 6:8하)라며 자원하였다.

이사야가 목격한 여호와의 어전회의 모습은 이스라엘의 왕정체제에서 왕과 신하들이 모인 조정회의를 연상케 한다. 구약성경에서 우리는 왕과 신하들이 모여 의논하는 조정회의 모습을 여러 곳에서 찾아 볼 수 있다. 예를 들면, 르호보암의 조정회의(왕상 12:6 이하), 아마샤의 조정회의(대하 25:17), 아합 왕의 조정회의(왕상 22:5-12) 등이 있다. 이사야가 예루살렘의 고관 출신으로 유다의 아하스 왕과 히스기야 왕에게 하나님의 뜻을 전한 것도 이와 같은 조정회의였을 것이다.

왕, 조언자의 소명유형에서 하나님은 초월해 계신 절대자(겔 1:28)이시다. 인간인 예언자가 신적 영역에까지 올라가 하나님의 부르심에 자원함으로써 적극적으로 응답하고 있다. 이는 앞의 두 소명유형보다 인간의 자유가 훨씬 더 부각되고 있다.

넷째, 스승, 제자의 소명유형으로 사무엘이 대표적이다.

사무엘은 어머니 한나가 "만군의 여호와여 만일 주의 여종의 고통을 돌보시고 나를 기억하사 주의 여종을 잊지 아니하시고 주의 여종에게 아들을 주시면 내가 그의 평생에 그를 여호와께 드리고 삭도를 그의 머리에 대지 아니하겠나이다"(삼상 1:11) 하고 서원하여 낳은 아들이다. 사무엘은 어머니 한나의 서원대로 어려서부터 실로의 성소에서 자랐다.

아이 사무엘이 엘리 제사장 앞에서 여호와를 섬기다가 밤에 자리에 누웠는데, 여호와께서 사무엘을 부르셨다. 사무엘은 깨어 스승 엘리가 부르는 줄 알고 그에게 달려갔다. 엘리가 부르지 않았으니 가서 누으라는 말을 듣고 다시 자리에 누웠다. 여호와께서 다시 사무엘을 부르자 사무엘은 또 엘리에게 달려갔다. 여호와께서 세 번째로 사무엘을 부르자, 엘리가 먼저 여호와께서 사무엘을 부르는 줄을 깨달았다. 엘리는 사무엘에게 "가서 누웠다가 그가 너를 부르시거든 네가 말하기를 여호와여 말씀하옵소서 주의 종이 듣겠나이다 하라"(삼상 3:9)고 가르쳐 주었다. 그때서야 사무엘은 여호와께서 "사무엘아 사무엘아" 하고 다시 부르시는 소리에 엘리의 가르침대로 응답하였다.

스승, 제자의 소명유형은 학생들이 스승의 가르침을 통해 깨닫는 것처럼 단계적인 소명체험이다. 사무엘은 어릴 때부터 성전에서 봉사하면서 성장하였다. 사무엘은 어릴 때부터 성전에서 자랐으면서도 정작 여호와의 부르심에 바로 응답하지 못했다. 스승의 가르침을 통해 자신을 부르신 하나님의 소명을 깨달았다. 사무엘은 하나님의 부르심에 즉각적으로 응답하지는 못하였지만, 하나님의 소명을 깨닫고 난 후에는 혼란스러웠던 사사시대를 마감하고, 사울과 다윗을 기름 부어 왕으로 세움으로써 이스라엘 왕국시대를 연 위대한 인물이 되었다.

이상에서 살펴본 바와 같이, 예언자의 소명체험은 하나님과의 만남을 통해 하나님의 사람(Homo Dei)이 된 사건이다. 예언자의 소명체험은 획일적이지 않고 다양하다. 예언자의 소명은 하나님의 말씀을 전파하는 사명을 감당하는 것이다. 예언자의 선택은 인간의 재능이나 자질에 달려있는 것이 아니라, 전적으로 하나님에 의한 선택이다. 하나님께 부름을 받은 예언자의 미래를 본인은 알 수 없다. 하나님이 예언자에게 요구하는 것은 '신앙' 안에서의 전적인 '순종'이다.

이스라엘 예언자들의 메시지는 고대 근동의 예언자들과는 다른 독특한 사상을 담고 있다. 이스라엘 예언자들은 이스라엘의 역사 속에서 모세 이후의 종교적 전승을 재해석하고, 때로는 변혁하여, 그것을 이스라엘의 현재와 미래로 연결 지은 자들이다. 무엇보다 놀라운 것은 예언자들이 말씀의 종교 탄생을 가능케 했다는 것이다. 주전 586년 바빌로니아에 의해 예루살렘이 함락되고, 성전은 파괴되었다. 살아남은 사람들은 바벨론에 포로로 끌려갔다. 바벨론 포로민은 더 이상 성전 제사를 지낼 수 없게 되었다. 바벨론 포로기는 국가적으로나 종교적으로 더할 수 없는 비극이었지만, 신앙적으로 볼 때 제사 종교에서 말씀 종교로 거듭나는 중요한 전환점이 되었다.

바벨론 포로기에 이스라엘의 신앙이 제의 중심의 형식종교에서 말씀 중심의 인격적 종교로 승화될 수 있었던 것은 예언자들의 공로이다. "하나님은 제사보다 순종을 원하신다"는 예언자의 메시지는 형식적인 제의 종교의 틀을 벗어나 하나님의 뜻에 순종하고 실천하는 말씀 중심의 신앙으로 발전하도록 하였으며, 이때부터 하나님의 말씀인 토라(Torah)가 이스라엘 신앙의 중심이 되었다.

엘리야와 엘리사

예언자 엘리야는 북이스라엘의 아합 왕(주전 871년-851년) 시대에 등장한다(왕상 17:1). 엘리야 이후 열왕기서나 예언서에 등장하는 대부분의 예언자들을 선지자, 즉 히브리어로 '나비'라고 부른다(호 4:5; 암 7:14; 렘 1:5; 겔 2:5; 슥 1:1 등). 본래 가나안 농경문화에서 사용하던 예언자의 용어인 '나비'가 자연스럽게 이스라엘 예언자들을 가리키는 일반적인 명칭이 된 것이다.

그러나 이스라엘 예언자들이 '나비'라는 명칭으로 불린다고 해서 그들의 예언 활동이 "황홀경에 빠져 예언하는" 가나안 예언자들의 예언 현상과 같았던 것은 아니다. 이스라엘 예언자들의 예언은 여전히 유목민 전통에 기초한 비전을 갖고 있었다. "드고아 목자 중 아모스가 이스라엘에 대하여 이상으로 받은 말씀이라"(암 1:1), "이사야가 유다와 예루살렘에 관하여 본 계시라"(사 1:1), "미가에게 임한 여호와 말씀 곧 사마리아와 예루살렘에 관한 묵시라"(미 1:1) 등에 나오는 '이상', '계시', '묵시'는 모두 '호제'와 같은 어원을 가진 단어이다. 그리고 아모스가 본 다림줄(암 7:8), 예레미야의 살구나무 가지 환상(렘 1:11), 스가랴가 본 순금 등잔대와 두 감람나무(슥 4:2-3) 등 예언자들이 그림으로 보는 것처럼 경험한 환상들은 '로에'와 같은 어원을 가진 동사로 되어 있다.

1. 오므리 왕조 아합 왕

여로보암은 북이스라엘을 세운 후 주전 910년까지 약 20년간 통치하였다. 그 이후 북이스라엘은 계속된 쿠데타와 암살 등으로 혼란을 거듭하다가 주전 885년 오므리가 왕위에 올라 사마리아를 수도로 삼고, 강력한 왕권을 다짐으로 정치적 안정을 가져오기 시작했다. 이때부터 예후가 혁명을 일으켜 오므리 집안을 멸하고 왕위에 오를 때까지를 오므리 왕조라고 한다. 성경에는 오므리와 관련한 내용이 열왕기상 16장 21-28절에 간략하게 언급되어 있지만, 모압의 메사(Mesha) 왕 비문과 아시리아 왕 살만에셀 3세(Shalmaneser Ⅲ, 주전 858년-824년)의 오벨리스크에 오므리가 언급되어 있는 것을 보면, 오므리는 국제적으로도 상당한 영향력을 가진 인물이었던 것으로 보인다.

오므리의 뒤를 이어 왕위에 오른 아합은 북이스라엘의 7대 왕이자 오므리 왕조의 2대왕이다. 아합이 왕이 된 후 북이스라엘은 경제적, 군사적 발전을 이루고 주변국과도 영향력 있는 관계를 가짐으로써 강성한 나라가 되었다. 그러나 성경은 아합 왕을 "그 이전의 모든 사람보다 여호와 보시기에 악을 더욱 행하여"(왕상 16:30)라고 평가하고 있는데, 그 이유는 아합 왕이 페니키아의 도시국가인 시돈의 공주 이세벨을 왕비로 맞아 우상을 숭배하고 사마리아에 바알 신전을 건축하고 아세라 상을 만들어 여호와 하나님을 노하시게 했기 때문이다(왕상 16:31-33).

2. 예언자 엘리야(왕상 17장-왕하 2장)

아합 왕 때 북이스라엘은 군사적으로나 경제적으로 부강한 나라가 되었지만, 바알과 아세라를 숭배하는 혼합주의 제의정책으로 인해 여호와 신앙은 위기에 빠졌다. 이때 등장한 예언자가 엘리야이다. 엘리야는 "나의 하나님은 여호와이다"라는 뜻이다. 엘리야는 북이스라엘이 금송아지 신상을 여호와로 섬기고 바알과 아세라를 숭배하는 종교혼합주의에 빠져 있을 때 "나의 하나님은 오직 여호와"라는 믿음으로 하나님의 말씀을 선포했던 예언자였다. 엘리야 예언자에 관한 기록은 열왕기상 17장부터 열왕기하 2장까지로 상당한 분량을 차지한다.

엘리야는 길르앗에 있는 디셉 출신이라고 하는데, 디셉이 정확하게 어느 곳인지는 아직 밝혀지지 않고 있다. 길르앗은 요단 동쪽의 고원지역으로 목초지들이 있어서 고대 이스라엘 사람들은 그곳에서 유목과 농업을 주업으로 삼았다. 사사시대의 야일(삿 10:3-5)과 입다(삿 11장)가 길르앗 출신이며, 바르실래는 다윗이 압살롬의 반란을 피해 도망할 때 길르앗 지역에서 다윗과 그의 군대에 음식을 제공하였다(삼하 17:27-29; 19:31-39).

엘리야는 아합에게 가뭄을 선포하면서 등장한다(왕상 17:1). 당시 이스라엘 백성들이 숭배하였던 바알신은 천둥의 신으로 비를 내려 농사를 짓게 한다고 믿었다. 그러나 엘리야의 가뭄 선포는 비와 이슬을 내리게 하는 것은 바알이 아니라 여호와 하나님이심을 보여주고자 한 것이다.

가뭄을 선포한 엘리야는 그릿 시냇가에 숨어 지냈으며, 시냇물이 마를 때까지 까마귀가 먹을 것을 공급하였다(왕상 17:3-7). 시냇물이 마르자 엘리야는 시돈 땅에 있는 사르밧으로 가서 머물며 그곳에 있는 과부에게 먹을 것을 구한다. 사르밧 과부는 한 웅큼 남은 가루와 조금 남은 병의 기름으로 엘리야에게 빵을 만들어 주었다. 그랬더니 가뭄이 끝날 때까지 3년 반 동안 통의 가루가 떨어지지 않고 병의 기름이 없어지지 아니하는 기적이 나타났다. 이 일은 예수께서도 언급을 하셨다.

> 내가 참으로 너희에게 이르노니 엘리야 시대에 하늘이 삼 년 육 개월 간 닫히어 온 땅에 큰 흉년이 들었을 때에 이스라엘에 많은 과부가 있었으되 엘리야가 그 중 한 사람에게도 보내심을 받지 않고 오직 시돈 땅에 있는 사렙다의 한 과부에게 뿐이었으며(눅 4:25-26)

1) 이스라엘을 괴롭게 하는 자

비가 오지 않은 지 3년이 되자 사마리아에 기근이 심해졌다. 엘리야는 비를 내리리라는 하나님의 말씀을 듣고 아합을 만나러 왔다. 아합은 엘리야를 보자 "이스라엘을 괴롭게 하는 자여 너냐"(왕상 18:17)라고 하였다. 그러자 엘리야는 "내가 이스라엘을 괴롭게 한 것이 아니라 당신과 당신의 아버지의 집이 괴롭게 하였으니 이는 여호와의 명령을 버렸고 당신이 바알들을 따랐음이라"(왕상 18:18)라고 말한다. 이스라엘이 기근으로 인해 고통을 당하는 것은 엘리야가 비가 내리지 않을 것을 선포했기 때문이 아니라 아합 왕이 하나님의 말씀에 순종하지 않고 우상을 숭배하였기 때문이다. 이스라엘에 기근이 심하게 된 것은 엘리야 때문이 아니라 아합 왕의 우상숭배로 인한 하나님의 심판 때문이었다. 이스라엘을 진정으로 괴롭게 하는 자는 아합 왕이었다. 엘리야는 문제의 본질이 어디에 있는 지를 정확하게 꿰뚫어 보았다.

2) 갈멜산(Mt. Carmel) 대결(왕상 18장)

갈멜산은 이스라엘 북부 나사렛과 지중해 사이에 있는 해발 525m의 산이다. 갈멜산 아래에 기손강이 흐르고 이스르엘 평원이 펼쳐져 있다. 갈멜산 중턱에는 이집트에서 메소포타미아에 이르는 왕의 도로가 지나가는 므깃도 요새가 자리 잡고 있다. 갈멜은 '기름진 밭'(사 16:10), '좋은 땅'(렘 4:26)이란 뜻으로 초목이 우거져 사시사철 푸른 아름다운 산이다.

갈멜산 정상에서 엘리야는 바알 선지자 450명, 아세라 선지자 400명과 제단을 쌓고 어느 신이 불을 내려 참 하나님인가를 두고 대결하였다. 바알 선지자들은 피가 흐르도록 칼과 창으로 몸을 상해가며 바알을 찾고 부르짖었지만 아무 응답이 없었다. 엘리야가 열두 돌로 제단을 쌓고 송아지를 각을 떠서 제단에 올리고 물을 부은 후 "아브라함과 이삭과 이스라엘의 하나님 여호와여 주께서 이스라엘 중에서 하나님이신 것과 내가 주의 종인 것과 내가 주의 말씀대로 이 모든 일을 행하는 것을 오늘 알게 하옵소서"(왕상 18:36)라고 기도하니 여호와의 불이 내려와 번제물과 나무와 돌과 흙을 태우고 물까지 핥았다(왕상 18:38). 엘리야는 바알 선지자들을 기손 시내에 데려다가 죽였다. 이스라엘 역사에서 여호와 신앙의 불꽃을 피운 사람이 모세라면, 엘리야는 꺼져가던 여호와 신앙의 불꽃을 다시 타오르도록 하였다.

엘리야가 바알 선지자를 죽였다는 소식을 들은 아합의 왕비 이세벨은 분노하여 엘리야를 죽이려고 하였다. 엘리야는 이세벨을 피해 호렙산으로 가던 도중 광야의 로뎀나무 아래에서 차라리 죽기를 원하였지만, 하나님은 천사를 통해 엘리야에게 물과 고기를 공급하여 원기를 회복하도록 한다(왕상 19:4-8). 호렙산에 도착한 엘리야는 천둥과 번개, 지진이 아닌 세미한 소리를 통해 하나님의 음성을 듣게 된다(왕상 19:9-14).

3) 나봇의 포도원 사건(왕상 21장)

나봇의 포도원 사건은 아합 왕 때 북이스라엘의 종교혼합주의로 인한 우상숭배뿐만 아니라 절대왕권에 의한 사회적 불의가 자행되었다는 것을 보여주는 대표적인 사건이다. 북이스라엘의 수도 사마리아 성 앞에 이스르엘 사람 나봇의 포도원이 있었는데, 조상들로부터 물려받은 유산이었다. 아합 왕은 나봇의 포도원을 탐냈지만 조상의 유산을 팔 수 없다는 나봇의 말에 고민에 빠졌다. 이때 왕비 이세벨이 거짓 증인을 세워 나봇이 "왕과 하나님을 저주하였다"(왕상 21:10)는 누명을 씌우고 돌로 쳐 죽였다. 예언자 엘리야는 나봇이 죽었다는 소식을 듣고 포도원을 취하려고 온 아합 왕에게 네 집이 여로보암의 집처럼 될 것이며, 왕비 이세벨에게는 개들이 이스라엘 성읍 곁에서 이세벨을 먹을 것이라는 재앙을 선포하였다. 나봇의 포도원 사건은 시돈의 공주였던 왕비 이세벨에 의해 자행된 절대왕권의 횡포에 의해 이스라엘 전통적 사회관습이 위협받은 사건이라고 할 수 있다.

4) 엘리야의 승천(왕하 2:1-14)

엘리야는 그의 제자 엘리사가 동행한 가운데 길갈과 벧엘을 지나 여리고에 도착했다. 엘리야가 겉옷을 말아 요단강 물을 치니 이리저리 갈라져 두 사람이 건넜다(왕하 2:8). 요단강을 건너 온 엘리야는 겉옷을 벗어 놓고 엘리사가 보는 앞에서 하늘로 올라갔다.

> 두 사람이 길을 가며 말하더니 불수레와 불말들이 두 사람을 갈라 놓고 엘리야가 회오리 바람으로 하늘로 올라가더라(왕하 2:11)

신약성경의 복음서에는 변화산에서 엘리야와 모세가 예수와 만나 대화를 나누는 장면이 있다(마 17:1-8; 막 9:2-8; 눅 9:28-36). 예수께서 엘리야와 모세를 만난 변화산은 이스라엘 북부 갈릴리 지역에 위치한 다볼산(Mt. Tabor)으로 알려져 있다. 다볼산은 정확하게 이스르엘 평원 동쪽 경계에 위치해 있으며, 나사렛에서 약 17km 동쪽에 있다. 변화산에서 함께 만난 모세와 엘리야, 그리고 예수는 모두 이 땅에 육신의 흔적을 남기지 않았다는 공통점이 있다.

출애굽한 이스라엘 백성에게 율법을 전해주고 광야에서 40년 동안 약속의 땅 가나안을 향해 이스라엘 백성을 인도한 모세는 약속의 땅이 바라보이는 모압 땅에서 죽어 장사지냈지만 무덤이 어디에 있는지 모른다고 한다(신 34:5-6). 엘리야는 하늘로 승천하였으니 무덤이 없고, 예수는 십자가에 달려 죽으시고 무덤에 묻히셨지만, 다시 살아나심으로 빈 무덤이 되었다(마 28:1-7). 율법(토라)을 대표하는 모세와 예언을 대표하는 엘리야는 이 땅의 특정한 시간이나 공간에 제한된 인물이 아니라 하나님의 말씀과 함께 영원히 기억되는 존재가 되었으며, 그들이 전한 율법과 예언은 예수 그리스도를 통해 완성되었다.

3. 예언자 엘리사(왕상 19장; 왕하 2-13장)

엘리야의 제자인 엘리사의 이름은 "나의 하나님은 구원이시다"라는 뜻이다. 엘리사는 열두 겨리의 소로 농사를 짓다가 엘리야를 따르는 예언자로 부름을 받았다(왕상 19:19-21). 열두 겨리의 소와 일꾼들을 거느리고 농사를 짓고 있는 엘리사는 상당한 재력을 가진 사람이었던 것으로 보인다.

엘리사는 "여호와께서 회오리바람으로 엘리야를 하늘로 올리고자 하실 때에"(왕하 2:1) 엘리야와 함께 동행했다. 엘리야가 "너는 여기에 머물라"고 하였지만, 엘리사는 "여호와께서 살아 계심과 당신의 영혼이 살아 있음을 두고 맹세하노니 내가 당신을 떠나지 아니하겠나이다"(왕하 2:2)라고 하면서 끝까지 엘리야를 따라갔다.

1) 갑절의 영감을 구함

엘리사와 함께 길갈에서 벧엘과 여리고를 지나 요단강을 건넌 후 엘리야가 엘리사에게 말했다.

> 나를 네게서 데려감을 당하기 전에 내가 네게 어떻게 할지를 구하라 엘리사가 이르되 당신의 성령이 하시는 역사가 갑절이나 내게 있게 하소서 하는지라(왕하 2:9)

엘리사가 엘리야에게 말한 '갑절'은 장자 상속과 관련한 법적인 용어이다. 신명기에 따르면 장자는 아버지에게서 갑절의 유산을 상속받을 수 있다.

> 반드시 그 미움을 받는 자의 아들을 장자로 인정하여 자기의 소유에서 그에게는 두 몫을 줄 것이니 그는 자기의 기력의 시작이라 장자의 권리가 그에게 있음이니라(신 21:17)

엘리사가 엘리야에게 요청한 "당신의 성령이 하는 역사가 갑절이나 내게 있게 하소서"는 엘리야의 영적인 장자 상속자가 되게 해 달라는 것이었다. 엘리사는 엘리야가 불수레와 불말을 타고 승천한 후 자기 겉옷을 찢고, 엘리야가 벗어 놓은 겉옷으로 요단강을 치니 엘리야가 했던 것처럼 물이 갈라졌다. 이때 강 건너편 여리고에서 이 모습을 본 예언자 생도들은 "엘리야의 영적 성령이 하는 역사가 엘리사 위에 머물렀다"(왕하 2:15) 하고 그에게 나아가 엎드려 절했다.

맞은편 여리고에 있는 선지자의 제자들이 그를 보며 말하기를 엘리야의 성령이 하시는 역사가 엘리사 위에 머물렀다 하고 가서 그에게로 나아가 땅에 엎드려 그에게 경배하고(왕하 2:15)

2) 엘리사가 행한 이적들

엘리사가 엘리야에게 구한 '갑절'은 장자상속권과 관련된 용어이기도 하지만, 엘리사가 행한 이적들과 엘리야가 행한 이적들을 비교해 보면, 엘리사는 실질적으로 엘리야보다 두 배나 더 많은 이적을 행하였다. 엘리사가 행한 이적들을 열거해 보면, 요단강을 가르고(왕하 2:14), 소금으로 여리고의 물을 정결하게 하였다(왕하 2:19-22). 엘리사가 벧엘로 올라갈 때 아이들이 대머리라고 조롱하자 저주를 선포하여 두 마리의 암곰이 나타나 그들을 해쳤으며(왕하 2:23-25), 과부의 기름병을 채워 주었고(왕하 4:1-7), 수넴 여인의 아들을 살렸다(왕하 4:17-37). 예언자의 무리들이 먹을 국에 독이 든 것을 밀가루로 깨끗하게 하였으며(왕하 4:38-41), 보리떡 20개로 1백 명을 먹였다(왕하 4:42-44).

시리아의 군대장관 나아만의 문둥병을 고쳐주었으며(왕하 5:1-19), 나아만에게 뇌물을 받으려고 한 게하시에게 나병을 선포하였다(왕하 5:20-27). 엘리사는 자기를 잡으러 온 아람 군대의 눈을 멀게 하여 이스라엘과의 전쟁을 멈추게 하고(왕하 6:8-23), 엘리사가 죽은 후 그의 무덤에 던져진 한 시체가 엘리사의 뼈에 닿자 살아나는 기적이 일어나기도 했다(왕하 13:20-21). 특히 엘리사가 이스라엘의 적국인 시리아의 나아만 장군을 고쳐준 것은 여호와 신앙이 이스라엘 중심의 민족주의를 넘어 우주적인 하나님 신앙으로 발전하는 것을 보여준다.

엘리사는 엘리야의 영적인 장자상속자일 뿐만 아니라 자기 시대에 직면한 사건들을 감당하기 위해 엘리야보다 두 배나 더 많은 이적을 행한 예언자였다. 엘리야와 엘리사의 관계를 모세와 여호수아의 관계로 비교해 볼 수 있다. 모세가 이스라엘 백성들을 노예생활에서 해방시켜 광야로 인도하였다면, 모세의 후계자인 여호수아는 그 백성들을 이끌고 요단강을 건너 약속의 땅 가나안을 차지하고 각 지파들에게 분배해 주었다.

엘리야와 엘리사의 관계를 세례 요한과 예수의 관계로 비교해 볼 수도 있다. 신약성경은 예수보다 앞서 그의 길을 예비한 세례 요한을 "오리라고 한 엘리야"라고 하였다. 엘리사와 예수는 이름의 뜻이 모두 '구원'이다. 엘리사는 "나의 하나님은 구원자"라는 뜻이고 예수는 "자기 백성을 구원할 자"(마 1:21)이다. 무엇보다 엘리사가 행한 이적들과 예수께서 행한 이적들을 비교해 보면 유사한 것들이 많이 있다. 엘리사가 여리고의 흐린 물을 소금으로 정결케 한 것처럼, 예수는 갈릴리 가나의 혼인잔치에서 물을 포도주로 만들었으며(요 2:1-12), 엘리사는 보리떡 20개로 1백 명을 먹였는데, 예수는 보리떡 두 개와 물고기 다섯 마리로 오천 명을 먹이고도 열두 광주리가 남는 이적을 행하였다(마 14:13-21; 막 6:30-44; 눅 9:10-17; 요 6:1-14). 엘리사가 나아만의 문둥병을 고친 것처럼 예수도 문둥병자를 고쳤으며(마 8:1-4; 막 1:40-45; 눅 5:12-16), 엘리사가 수넴 여인의 아들을 살리듯, 예수는 많은 병자를 고치고 죽은 나사로를 살렸다(요 11장).

엘리사는 길르앗 라못에서 예후에게 기름을 부어 이스라엘의 왕으로 삼고 혁명을 일으키도록 하여 바알 종교로 물들은 아합 정권을 물리치도록 하였다(왕하 9:1-13). 이스르엘 궁전에 있던 아합의 왕비 이세벨은 예후의 혁명에 동조한 내시들에 의해 던져져 죽임을 당하고, 엘리야의 예언대로 그 시체를 개들이 먹었다(왕하 9:30-37). 예후는 여호와를 향한 열심으로 아합 정권을 물리치고 바알 선지자들을 죽였지만, 너무 많은 피를 흘렸으며, 예후에 의해 시작된 예후 왕조도 오므리 왕조와 똑같은 바알 숭배와 종교혼합주의에 빠지고 말았다.

예후의 아들 여호아하스는 이스라엘 왕이 되어 17년을 다스렸는데, 사마리아에 아세라 목상을 두는 등, 우상숭배와 종교혼합주의에 빠져 죄를 범함으로 아람 왕 하사엘과 그의 아들 벤하닷의 침략으로 이스라엘이 고통을 당하였다(왕하 13:1-8). 여호아하스가 죽고 그 아들 요아스가 왕위에 올라 16년을 다스렸으나 그 이전과 똑같은 죄를 범하며 달라지지 않았다. 엘리사가 죽을 병이 들어 이스라엘 왕 요아스가 달려와 “내 아버지여 내 아버지여 이스라엘의 병거와 마병이여”(왕하 13:14) 하니 엘리사가 동쪽 창을 열고 “여호와를 위한 구원의 화살 곧 아람에 대한 구원의 화살”(왕하 13:17)로 활을 쏘라고 하였다. 이스라엘 왕이 세 번만 쏘고 그치자 낙담하여 대여섯 번을 쳤으면 아람을 진멸하였을 텐데 왕이 아람을 세 번만 치게 될 것을 말하고 죽었다(왕하 13:19-20).

3) "이스라엘의 병거와 마병이여"

엘리야가 불수레와 불말을 타고 회오리 바람으로 하늘로 올라갈 때에 엘리사가 보고 "내 아버지여 내 아버지여 이스라엘의 병거와 마병이여" 하고 소리쳤는데(왕하 2:11-12), 엘리사가 죽을 때에 이스라엘의 왕 요아스도 엘리사를 향해 "내 아버지여 내 아버지여 이스라엘의 병거와 마병이여"(왕하 13:14) 하고 똑같이 소리쳤다.

예언자 엘리야가 주로 아합 정권의 바알과 아세라 숭배와 종교혼합주의를 비판하고 나봇의 포도원을 강탈하는 폭압에 저항하는 등, 북이스라엘 왕국의 정치적, 종교적 문제와 씨름을 하였다면, 엘리사는 당시 북이스라엘에 위협이 되었던 시리아(다메섹), 즉 아람 왕국과의 군사적 충돌에서 이스라엘을 지원하면서 평화를 추구하려고 노력하였다. 이런 점에서 "이스라엘의 병거와 마병이여"라는 명칭은 군대와 관련된 표현이기 때문에 엘리야보다 엘리사에게 더 어울린다.

엘리사가 운명할 당시 이스라엘의 왕 요아스가 엘리사에게 "내 아버지여 내 아버지여"한 것은 엘리사에 대한 존중의 표현이며, 엘리사가 요아스에게 "여호와의 구원의 화살"을 쏘도록 한 것은 아람 군대와 싸울 요아스에게 군사적 조언을 해 준 것이다. 이런 점에서 "이스라엘의 병거와 마병이여"라는 명칭은 군사적 조언자인 엘리사에게 적절한 표현이다. 이 명칭이 엘리야에게 적용된 것은 불수레와 불말을 타고 하늘로 올라간 모습 때문에 엘리사가 소리친 것이며, 결국 엘리사 자신의 예언 활동을 통해 구체화되었다고 볼 수 있다.

구약성경의 역사서 중 여호수아, 사사기, 사무엘상하, 열왕기상하는 신명기의 관점에서 기록한 역사라고 해서 신명기사가의 역사서(Deuteronomistic History)라고 부른다. 신명기사가의 역사서는 바벨론 포로기 때 자신들의 역사를 돌이켜 보면서 반성적으로 기록한 것인데, 특히 열왕기에 나오는 왕들을 평가할 때 여호와 신앙과 예루살렘 성전 중심의 관점에서 보았다. 신명기사가의 관점에서 북이스라엘을 세운 여로보암이 예루살렘 성전을 거부하고 벧엘과 단에 별도의 성소를 세우고 금송아지를 만들어 숭배하도록 한 것은 가장 큰 죄악이었다. 북이스라엘 왕들은 모두 예루살렘 성전 제의를 거부하고 바알과 아세라를 숭배하는 우상숭배와 혼합주의 제의정책을 행했기 때문에 모두 부정적으로 평가되었다.

사실 북이스라엘에는 사마리아를 수도로 삼아 북이스라엘의 정치적 안정을 가져온 오므리, 군사적으로나 국제적으로 크게 성장하고 므깃도와 실로 등에 견고한 요새를 건축한 위대한 건축자인 아합, 영토 확장과 경제적 성장을 이룩하였던 여로보암 2세가 있었다. 그러나 신명기사가는 그들의 정치적, 경제적, 군사적 업적에 대한 긍정적인 평가보다는 여호와 신앙의 관점에서 그들을 평가하였기에, 그들의 혼합주의 제의정책과 사회적 부패와 불의에 대해 비판적인 평가를 주로 하였다.

열왕기상하는 이스라엘 왕국 분열시대 왕들에 대한 기록이지만, 엘리야-엘리사 이야기가 거의 절반을 차지할 정도로 많다. 아합왕은 군사적, 경제적 발전을 통해 북이스라엘을 부강한 국가로 만들었지만, 신명기사가의 관점에서 보면 종교혼합주의에 따른 우상숭배가 만연했던 시대였다. 이 시기에 예언자 엘리야가 등장한 것은 결코 우연이 아니다. 이런 점에서 엘리야는 이스라엘 역사에 있어서 예언자의 역할이 무엇인지를 명확하게 보여준 예언의 선구자라고 할 수 있다. 그리고 엘리야의 뒤를 이은 예언자 엘리사는 이스라엘 예언자의 예언이 이스라엘 민족에게만 해당되는 것이 아니라, 이방 민족의 운명에도 영향을 미친다는 것을 보여줌으로 민족주의 신앙을 넘어선 우주적인 신앙의 지평을 열었다.

예언서

구약성경의 예언서는 대(大)예언서와 12소(小)예언서로 나눈다. 대예언서와 소예언서의 구분은 문서의 분량에 따른 것이다. 책의 분량이 많은 이사야, 예레미야, 에스겔은 대예언서라고 하고, 그 외에 호세아에서 말라기까지 12권의 예언서는 하나로 묶어 12소예언서라고 한다.

대예언서	소예언서
이사야(66장) 예레미야(52장) 에스겔(48장)	호세아(14장) 요엘(3장) 아모스(9장) 오바댜(1장) 요나(4장) 미가(7장) 나훔(3장) 하박국(3장) 스바냐(3장) 학개(2장) 스가랴(14장) 말라기(4장)

고대 이집트에서 파피루스가 발명된 후 책은 처음에 두루마리 형태로 되어 있었다. 두루마리는 주로 파피루스나 양피지에 기록을 하여 두루 말아서 보관하거나 제작을 한 것으로 영어로 '스크롤(scroll)'이라고 한다. 사해의 쿰란동굴에서 주전

2세기에서 주후 1세기 사이에 기록된 것으로 보이는 두루마리 형태의 많은 문헌이 발견되었다. 그중에 이사야서 두루마리(1QIsa)는 길이가 7.34m이다. 이사야서 두루마리 하나가 상당한 분량을 차지하고 있는 것이다. 반면에 호세아에서 말라기까지 12권의 예언서들을 모두 합치면 총 67장으로 이사야서 한 권과 거의 같은 분량이다.

이사야, 예레미야, 에스겔 등 분량이 많은 예언서는 각각 하나의 두루마리로 되어 있는 반면에, 호세아에서 말라기까지 12예언서는 전체를 하나의 두루마리로 만들어도 될 정도이다. 그래서 히브리 성경에는 이 예언서들을 이사야, 예레미야, 에스겔, 12소예언서 등 네 권으로 분류한다.

이스라엘 예언자들은 각자 자신들이 처한 역사적 상황 속에서 하나님께서 주시는 말씀을 선포하도록 선택된 하나님의 사람들이다. 대예언서와 소예언서의 구분은 문서의 길이에 따른 것이지, 대예언서의 예언자들이 소예언서의 예언자들보다 더 낫고 위대하다는 뜻은 아니다.

이사야

이사야서는 66장으로 되어 있다. 성경이 구약 39권에 신약 27권으로 66권인 것과 숫자가 같다. 이사야 1-39장은 주로 경고와 심판의 메시지들이 나오고, 이사야 40-66장은 위로와 회복에 관한 메시지가 중심을 이루고 있어서 마치 이사야 1-39장은 구약을, 이사야 40-66장은 신약을 연상케 한다. 이러한 생각은 이사야의 단일저작설에 대한 의문을 제기하게 되었고, 본문의 역사적 배경에 따른 분리설이나 문학적 통일성에 대한 여러 가지 논쟁을 불러일으킨다.

이사야는 주전 8세기에 유다의 아하스 왕과 히스기야 왕 때 활동했던 예언자이다. 이사야 1-39장에는 아시리아에 의해 남유다가 위협을 받던 때라 주전 8세기 이사야 예언자의 활동시기와 일치한다. 반면에 이사야 40-55장은 약 2백년 뒤인 주전 6세기 바벨론 포로 말기를 역사적 배경으로 하고 있다. 바벨론 포로 생활이 예고가 아니라 기정사실로 되어 있으며, 바빌로니아에서의 수난 경험과 포로에서 벗어나 고향으로 돌아갈 것을 기대하고 있다. 특히 바빌로니아를 멸망시키고 포로민의 귀향을 선포한 페르시아의 왕 고레스의 이름을 구체적으로 언급하면서 "여호와께 기름부음을 받은 자"(사 45:1)로 묘사한다.

이사야 56-66장은 바벨론 포로민들이 귀향하여 예루살렘 성전을 재건하고 난 이후인 주전 5세기경의 팔레스타인을 역사적 배경으로 하고 있으며, 바벨론에서 귀향한 포로민들이 겪는 새로운 도전과 문제를 다루고 있다. 이와 같은 시대적 배경의 차이 때문에 이사야 1-39장을 제1이사야, 이사야 40-55장을 제2이사야, 이사야 56-66장을 제3이사야로 구분한다.

이런 역사적 배경의 차이에도 불구하고 전통적인 견해에서는 이사야가 미래를 내다보는 예언자이기 때문에 장기적으로 포로기와 그 이후의 사건들을 예언할 수 있었다고 본다. 그러나 오늘날 이사야서의 통일성을 주장하는 학자들은 주전 8세기의 이사야 예언자가 이사야 66장을 다 기록한 것이라고 주장하기 보다는 이사야서 전체에서 하나님의 주권, 이스라엘에 대한 심판과 회복, 메시아적 구원의 약속이라는 주제가 일관되게 나타난다고 본다. 그들은 이사야서의 여러 부분이 다양한 시기에 기록되었다는 것을 부인하지 않으면서 최종 편집자가 이사야서 전체를 통일된 관점에서 하나의 문헌으로 편집했을 가능성에 주목한다.

이사야서를 시대적 차이에 따라 분리해서 해석하는 것과 전체를 하나의 통일된 문헌으로 보고 이해하는 것은 서로 상충된 것이 아니라 상호보완적이다. 이사야서를 해석할 때는 시대적 배경에 따른 개별 본문의 분석과 본문 전체를 관통하고 있는 일관된 신학적 주제를 함께 파악해 나가는 것이 중요하다. 이 책에서는 역사적 배경에 따른 이스라엘 예언자들의 활동과 메시지를 주로 다루고 있기 때문에 시대적 배경에 따라 이사야서를 구분해서 이해하고자 한다.

제1이사야(사 1-39장)

1. 역사적 배경

이사야는 "여호와는 구원이시다"라는 뜻이다. 이사야 예언자는 대략 주전 742년 웃시야 왕이 죽던 해부터 아시리아의 산헤립(Sennacherib, 주전 705년-681년)이 예루살렘을 침략했던 주전 701년까지 활동하였다. 이사야 예언자는 요담(주전 742년-735년), 아하스(주전 735년-715년), 히스기야(주전 715년-687년) 시대에 예루살렘을 중심으로 활동하였다. 이사야가 겪은 중요한 사건은 크게 두 가지가 있는데, 하나는 시리아-에브라임 전쟁(Syro-Ephraimite War, 주전 733년-732년)이고, 다른 하나는 아시리아 왕 산헤립의 유다 침략(주전 701년)이다.

1) 시리아-에브라임 전쟁

주전 733년-732년에 일어난 시리아-에브라임 전쟁은 시리아와 북이스라엘이 동맹을 맺어 남유다를 공격한 이스라엘의 남북전쟁이다. 북이스라엘을 세운 여로보암이 에브라임 지파 출신이기 때문에 북이스라엘을 에브라임이라고 부르기도 한다.

북이스라엘의 므나헴 왕 때 메소포타미아에서는 아시리아의 디글랏-빌레셀 3세(Tiglath-pileser Ⅲ, 주전 745년-727년)

가 패권을 차지하고 서쪽으로 세력을 확장하기 시작하였다. 아시리아의 팽창정책에 대항하여 시리아를 중심으로 서쪽에 있는 소국들이 동맹을 맺으려고 하였다. 먼저 시리아와 북이스라엘이 동맹을 맺고 남유다에게도 동맹에 가담할 것을 요청하였지만, 상대적으로 아시리아의 위협을 덜 느낀 남유다는 동맹을 거절하였다. 므나헴의 아들 브가야(2년 통치)를 죽이고 북이스라엘의 왕이 된 베가는 시리아의 다메섹과 동맹을 맺고 남쪽 유다왕국을 공격하였는데(주전 735년경), 이것을 가리켜 시리아-에브라임 전쟁이라고 한다(왕하 16:1-9; 대하 28:5-7). 시리아와 북이스라엘의 공격으로 위기에 빠진 남유다의 아하스 왕은 아시리아에 도움을 요청하였다.

당시 이사야 예언자는 북이스라엘이 시리아와 동맹을 맺어 남유다를 공격하는 것이 결코 성공할 수 없다고 하면서 남유다의 아하스 왕이 아시리아에 도움을 요청하는 것에 대해 반대했다. 그러나 아하스는 이사야 예언자의 메시지를 받아들이지 않고 아시리아에 도움을 요청하였다. 아하스는 아시리아가 주전 732년 시리아의 수도 다메섹을 점령하자 아시리아에 조공을 바치겠다고 미리 약속하였다. 이사야 예언자는 아하스가 자신의 말을 받아들이지 않자 "다윗의 집이여...너희가 사람을 괴롭히고서 그것을 작은 일로 여겨 또 나의 하나님을 괴롭히려 하느냐"(사 7:13) 하고 책망한다. 이사야 1-11장에 나오는 메시아 예언은 주로 시리아-에브라임 전쟁을 역사적 배경으로 한다.

2) 아시리아 왕 산헤립의 침략

아시리아의 디글랏-빌레셀 3세는 주전 732년 시리아의 다메섹을 점령하고 북이스라엘의 갈릴리와 주변지역을 점령했다. 북이스라엘은 사마리아와 에브라임 산지만 남았다(왕하 15:29). 베가를 죽이고 왕위에 오른 북이스라엘의 마지막 왕 호세아는 처음에는 아시리아에 조공을 바치다가 이집트에 사신을 보내면서 조공을 끊어 버렸다. 이에 아시리아 왕 살만에셀 5세(Shalmaneser V, 주전 727년-722년)가 주전 722년 사마리아를 포위 공격하였으며, 북이스라엘은 결국 아시리아의 사르곤 2세(Sargon II, 주전 722년-705년)가 사마리아를 함락함으로써 멸망했다(왕하 17:3-6).

아시리아는 사마리아를 철저하게 파괴하였으며, 많은 사람을 포로로 끌고 가고 그곳에 이방인들을 이주시켜 다시는 일어서지 못하도록 만들었다. 북이스라엘이 멸망하자 일부 유민들은 남유다의 예루살렘으로 왔다. 당시 남유다의 히스기야 왕(주전 713년-711년)이 통치하고 있던 예루살렘 도성은 북이스라엘 유민들의 유입으로 인구가 늘어나 크게 확장되었다.

남유다의 히스기야 왕은 여러 산당들을 제거하고 아세라 목상과 느후스단을 부수었다(왕하 18:4). 느후스단은 모세가 광야에서 만든 놋뱀이었는데 이때까지 예루살렘 성전 뜰에 세워두고 섬기고 있었다. 히스기야가 종교개혁을 단행하면서 반 아시리아 정책을 쓰기 시작하자 주전 701년 아시리아 왕 산헤립은 히스기야를 징벌하기 위해 군대를 이끌고 유다를 공격했다. 산헤립은 유다의 많은 성읍을 정복하고 천연 요새인 라기스

(Lachish)까지 점령하였지만, 예루살렘은 함락하지 못하고 돌아갔다. 유다의 왕 히스기야는 성전에 올라가 기도하면서 예루살렘 밖에 있는 기혼샘에서 성 안의 실로암 연못에 이르는 지하터널을 뚫는 등 산헤립의 예루살렘 포위공격에 대비하였다.

2. 이사야의 소명체험

남유다의 웃시야 왕이 직접 향로를 잡고 분향하려다가 나병에 걸려 죽었다(대하 26:19-23). 이사야는 웃시야 왕이 죽던 해에 환상 중에 성전에서 여호와의 어전회의에 참여하게 되고 그곳에서 예언자로 부름을 받았다(사 6장). 이사야에게는 두 아들이 있었는데, 그 이름에는 하나님의 예언적인 메시지가 담겨 있었다. 한 아들의 이름은 '스알야숩'이요, "남은 자가 돌아오리라"(사 7:3)는 뜻이고, 다른 아들의 이름은 '마할살랄하스바스'로 "노략이 속히 돌아온다"(사 8:2-4)는 뜻이다.

이사야가 아하스 왕과 히스기야 왕에게 직접 예언의 메시지를 전하였던 것을 보면 귀족계급에 속한 고관으로 왕의 고문역할을 수행했던 것으로 보인다(사 7:3-17;39:1-18). 성경에 이사야의 죽음에 대한 기록은 없지만, 전통적으로 히스기야의 아들로 유다 왕 중 가장 악한 왕으로 평가받는 므낫세 왕(왕하 21:16) 때 톱으로 잘려 순교한 것으로 전해져 내려온다.

돌로 치는 것과 톱으로 켜는 것과 시험과 칼로 죽임을 당하고 양과 염소의 가죽을 입고 유리하여 궁핍과 환난과 학대를 받았으니(히

11:37)

3. 내용분석

1) 1장: 유다와 예루살렘을 향한 책망

소는 그 임자를 알고 나귀는 그 주인의 구유를 알건마는 이스라엘은 알지 못하고 내 백성은 깨닫지 못하는도다(사 1:3).

유다 백성의 형식적인 제사와 예배를 책망하면서 진정한 회개와 정의를 촉구한다. 하나님은 회개하고 돌아오는 자에게 용서와 구원을 약속하신다.

너희의 죄가 주홍 같을지라도 눈과 같이 희어질 것이요, 진홍같이 붉을지라도 양털같이 되리라(사 1:18)

2) 2-12장: 하나님의 심판과 구원의 메시지와 메시아 예언

a. 2-4장: 이사야는 "칼을 쳐서 보습을 만들고 창을 쳐서 낫을 만들 것이며 나라는 다시는 전쟁을 연습하지 아니하리라"(사 2:4)는 말씀과 함께 평화의 나라를 꿈꾸며 지도자들의 불의와 백성들의 교만으로 인한 유다와 예루살렘에 대한 심판을 경고한다.

b. 5장: 포도원의 노래

하나님은 이스라엘을 포도원에 비유하면서 그렇게 정성을 들

였는데 기대에 미치지 못하게 들포도를 맺었다며 책망한다.

c. 6장: 이사야의 소명과 사명

이사야는 환상 중에 성전에서 "누가 우리를 위하여 갈꼬?" 하는 하나님의 부르심에 "내가 여기 있나이다. 나를 보내소서"(사 6:8)라며 자원한다.

d. 7-11장: 메시아 예언과 관련한 중요한 말씀이 나온다.

보라, 처녀가 잉태하여 아들을 낳을 것이요 그의 이름을 임마누엘이라 하리라(사 7:14)

한 아기가 우리에게 났고 한 아들을 우리에게 주신 바 되었는데 그의 이름은 기묘자라, 모사라, 전능하신 하나님이라(사 9:6)

이새의 줄기에서 한 싹이 나서(사 11:1)

이리가 어린 양과 함께 거하며… 어린 아이가 그것들을 이끌리라(사 11:6)

e. 12장: 구원의 찬송

3) 13-23장: 열방에 대한 심판 선언

바빌로니아, 아시리아, 모압, 블레셋, 다메섹(시리아), 에티오피아, 이집트 등 주변 국가들에 대한 심판 예언이다. 하나님은 열방의 운명을 주관하는 분으로 각 민족은 하나님의 심판을 피할 수 없음을 강조한다.

4) 24-27장: 이사야 소(小)묵시록

종말론적 요소와 보편적 심판과 구원, 그리고 궁극적 희망을 다룬다는 점에서 이러한 묵시문학적 특징을 강하게 보여준다. 학자들은 묵시문학의 초기 형태로 여긴다.

5) 28-35장: 유다와 이스라엘에 대한 심판과 교훈

a. 28-31장: 에브라임과 유다 지도자들에 대한 경고(28장)와 아리엘에 대한 경고와 회복에 대한 약속(29장)이 담겨있다. '아리엘'은 "하나님의 성읍"이라는 뜻으로 예루살렘을 가리킨다.

하나님께서는 이집트를 의존하는 유다 백성들을 책망하시면서 직접 유다를 보호하실 것도 약속하신다(30-31장).

애굽은 사람이요 신이 아니며 그들의 말들은 육체요 영이 아니라 (사 31:3)

b. 32-33장: 하나님의 정의로운 통치와 메시아 왕국이 올 것을 예언하면서 하나님이 대적들을 심판하시고 백성들은 평화와 번영을 누리게 될 것을 약속하신다.

c. 34-35장: 열방과 적국(특히 에돔)에 대한 하나님의 심판과 하나님의 백성의 회복과 구원에 대한 약속. 특히 "그때에 맹인의 눈이 밝을 것이며 못 듣는 사람의 귀가 열릴 것이며"(사 35:5)라는 말씀은 신약성경에서 예수 그리스도를 성취되었다.

6) 36-39장: 산헤립의 예루살렘 침공과 히스기야의 치유 사건

a. 36-37장: 아시리아 왕 산헤립이 유다의 성읍들을 점령하고 예루살렘을 위협하면서 랍사게를 보내 항복할 것을 요구한다. 히스기야는 성전에 나아가 기도하면서 이사야에게 하나님의 뜻을 묻는다. 이사야는 산헤립을 두려하지 말라고 응답하면서 그가 예루살렘을 공격하지 못하고 돌아가 죽게 될 것을 예언한다.

b. 38-39장: 히스기야는 죽을 병에 걸렸지만 기도함으로 15년을 더 살게 되었다. 바빌로니아 왕 므로닥 발라단이 히스기야의 병이 나은 것을 축하하며 사신을 보냈는데, 이사야는 히스기야가 예루살렘의 보물 창고와 모든 것을 바빌로니아 사신에게 보여주는 교만함을 책망하면서 훗날 바빌로니아가 유다의 모든 것을 빼앗아 갈 것을 예언하였다.

4. 주요 메시지

1) 메시아사상

제1이사야서는 호세아, 예레미야, 제2이사야의 출애굽 전승과는 별도로 다윗-시온 전승이 신학적 기초가 되고 있다. 제1이사야에서 이사야 예언자는 여호와 하나님을 제왕으로 고백한다. 당시 유다 왕국은 아시리아 제국의 확장과 시리아-에브라임 전쟁으로 인한 위기에 직면해 있었다. 유다는 아시리아를 상대로 한 동맹에 참여하라는 압박을 받았다. 이사야는 동맹이나 정치적 책략 대신 하나님의 신실함과 보호를 의지하는 것이

유다 생존의 열쇠라고 주장한다. 이사야 예언자는 시리아-에브라임 전쟁으로 유다가 위기에 빠졌을 때 여호와를 향한 믿음을 굳게 하라고 선포한다.

> 에브라임의 머리는 사마리아요 사마리아의 머리는 르말리야의 아들이니라 만일 너희가 굳게 믿지 아니하면 너희는 굳게 서지 못하리라 하시니라(사 7:9)

유다의 위기 속에서 선포된 이사야의 예언은 다윗의 계통에서 나올 미래의 통치자에 대한 희망을 제시했고, 메시아사상으로 발전하였다. 메시아는 "기름부음을 받은 자"라는 뜻으로 제왕적인 이미지를 갖고 있다. 다윗의 후손 중에 메시아가 나온다는 전통은 예언자 나단이 다윗에게 한 예언에 뿌리를 두고 있다.

> 네 수한이 차서 네 조상들과 함께 누울 때에 내가 네 몸에서 날 네 씨를 네 뒤에 세워 그의 나라를 견고하게 하리라(삼하 7:12)

이사야는 주전 8세기에 유다와 예루살렘이 직면한 역사적 위기 속에서 다윗 왕국에 대한 하나님의 약속에 근거한 메시아 예언을 선포하였다. 이사야의 메시아사상은 유다 왕국의 멸망 이후 이상적이고 영원한 메시아 왕국에 대한 열망으로 이어졌다.

a. 이사야 7장: 임마누엘의 탄생

이사야는 "보라 처녀가 잉태하여 아들을 낳을 것이요 그의 이름을 임마누엘이라 하리라"(사 7:14)라고 예언한다. 임마누엘은 "하나님이 우리와 함께 계시다"라는 뜻이다. 여기서 '처녀'라고 번역된 히브리어는 '알마(עַלְמָה)'인데, '소녀'라는 뜻이다. '처녀'를 뜻하는 히브리어는 '베툴라(בְּתוּלָה)'이다(창 24:16; 출 22:16; 레 21:14; 신 22:23, 28 등). 70인역은 이사야 7장 14절의 '알마'를 '처녀'를 뜻하는 '파르테노스(παρθένος)'라고 번역했다. 이후 이것을 마태복음에서 예수의 탄생과 관련하여 인용함으로써 동정녀 마리아에 의한 예수 탄생의 근거가 되었다.

아브라함의 종이 하란에서 이삭의 아내가 될 리브가를 만났을 때 리브가를 가리켜 '베툴라'(창 24:16)와 '알마'(창 24:43)라는 두 단어를 다 사용하였다. 70인역은 모두 '처녀'를 뜻하는 '파르테노스'로 번역하였다. 모세가 갈대상자에 담겨 나일 강에 띄워졌을 때 따라가면서 모세를 지켜보았던 누이 미리암도 '알마'라고 하였다(출 2:8). 당시 미리암은 결혼하지 않은 어린 소녀였는데, 70인역은 젊은 여자를 뜻하는 '네아니스(νεᾶνις)'라고 번역하였다. 처녀인 리브가나 미리암을 '알마'라고 한 것을 보면, 70인역이 이사야 7장 14절의 '알마'를 '처녀'를 뜻하는 '파르테노스'로 번역한 것은 큰 무리가 없는 것 같다.

성경구절	히브리 성경	70인역	개역개정
이사야 7장 14절	알마(עַלְמָה)	파르테노스(παρθένος)	처녀
창세기 24장 16절	베툴라(בְּתֻלָה)	파르테노스(παρθένος)	처녀
창세기 24장 43절	알마(עַלְמָה)	파르테노스(παρθένος)	젊은 여자
출애굽기 2장 8절	알마(עַלְמָה)	네아니스(νεᾶνις)	소녀

임마누엘의 탄생에 관한 이사야의 예언은 위기 속에 있는 유다의 아하스 왕을 향한 것으로 하나님의 임재가 유다를 구원할 것이라는 확신을 주기 위한 것이었다. 시리아와 북이스라엘인 에브라임이 동맹을 맺고 유다를 공격해 오자 유다의 아하스 왕은 아시리아 왕에게 도움을 요청한다. 이사야 예언자는 아시리아 왕을 의지하는 아하스 왕과 유다 백성을 비판하면서 하나님께서 함께 하셔서 모든 위기를 극복하게 해 주실 것임을 강조하였다.

> 이 백성이 천천히 흐르는 실로아 물을 버리고 르신과 르말리야의 아들을 기뻐하느니라. 그러므로 주 내가 흉용하고 창일한 큰 하수 곧 앗수르 왕과 그의 모든 위력으로 그들을 뒤덮을 것이라 그 모든 골짜기에 차고 모든 언덕에 넘쳐 흘러 유다에 들어와서 가득하여 목에까지 미치리라 임마누엘이여 그가 펴는 날개가 네 땅에 가득하리라 하셨느니라(사 8:6-8).

"천천히 흐르는 실로아 물"은 예루살렘 성 밖에 있는 기혼샘에서 지하수로를 통해 성 안의 실로암 연못까지 천천히 흐르는 물로 예루살렘 백성들의 생명수이다. 이사야 예언자는 유다 백성들이 "천천히 흐르는 실로아 물"과 같이 신실하신 은혜의 하나님을 싫어하고, 대신 화려하고 풍요롭고 즐거워 보이는 다메섹의 이방 문화를 기뻐한다고 비판하면서, 하나님께서 "흉용하고 창일한 큰 하수" 곧 아시리아 왕의 군대를 보내어 그들을 덮어 버릴 것이라고 선포한다.

이러한 역사적 위기 속에서 나온 임마누엘의 탄생에 대한 이사야의 예언은 기독교 전통에서 예수의 탄생과 결합되었다. 신약성경의 마태복음은 동정녀 마리아를 통한 예수의 탄생을 이사야 7장 14절 예언의 말씀이 성취된 것으로 보았다(마 1:23). 예수의 탄생은 하나님이 친히 이 땅에 오셔서 인간과 함께 하시는 임마누엘이 되었다.

b. 이사야 9장: 평강의 왕

이사야 예언자는 메시아는 전쟁영웅이 아니라 평화의 왕임을 강조한다. 이사야 9장 6-7절은 대관의식문과 같은 형식으로 되어 있다.

> 이는 한 아기가 우리에게 났고 한 아들을 우리에게 주신 바 되었는데 그의 어깨에는 정사를 메었고 그의 이름은 기묘자라, 모사라, 전능하신 하나님이라, 영존하시는 아버지라, 평강의 왕이라 할 것임이라 그 정사와 평강의 더함이 무궁하며 또 다윗의 왕좌와 그의 나라에 군림하여 그 나라를 굳게 세우고 지금 이후로 영원히 정의와 공의로 그것을 보존하실 것이라 만군의 여호와의 열심이 이를 이루시리라(사 9:6-7)

메시아적인 명칭으로 유명한 “기묘자라, 모사라, 전능하신 하나님이라, 영존하시는 아버지라, 평강의 왕이라”는 표현에서 “기묘자라, 모사라”는 “기묘한 모사라”라고 이해하는 것이 더 적절하다. 이 예언은 다윗의 계통에서 나올 통치자가 정의와 평화의 왕국을 세우고 영원히 지속될 것이라고 약속한다. 이는 이사야 시대에 이상적인 왕에 대한 소망이었지만, 점차 메시아적 해석으로 발전하였으며, 예수 그리스도에게 그대로 적용되었다.

'기묘자'란 히브리어로 '펠레(פֶּלֶא)'인데 "인간의 생각으로는 이해할 수 없고 묘사하기 어려운 하나님의 놀라운 행위"를 가리키는 말로 영어로는 'wonder'라는 뜻이다. 출애굽 당시 하나님이 행하신 기이한 일들을 표현할 때도 '펠레'라는 표현을 사용하고 있다(출 15:11; 시 77:11, 14; 78:12 등).

c. 이사야 11:1-10: 평화의 나라

이사야 11장 1절에 "이새의 줄기에서 한 싹이 나며 그 뿌리에서 한 가지가 나서 결실할 것이요"라는 말씀에서 '가지'는 히브리어로 '네체르(נֵצֶר)'이다. 구약 성경에서 '네체르'는 다윗 왕조와 관련하여 이곳에서만 언급되고 있는데, 신약성경은 예수께서 성장하신 '나사렛'과 관련시킨다.

> 나사렛이란 동네에 가서 사니 이는 선지자로 하신 말씀에 나사렛 사람이라 칭하리라 하심을 이루려 함이러라(마 2:23)

마태복음은 '나사렛'을 이새의 뿌리에서 나온 한 '가지'로 해석하면서 예수를 '나사렛 사람'이라고 부르게 된 것이 구약의 예언을 성취한 것이라고 보았다. 다윗의 후손으로 올 메시아를 예루살렘 왕궁에 있는 "다윗의 뿌리에서"라고 하지 않고 베들레헴에 살던 다윗의 아버지 "이새의 뿌리에서" 나올 것이라고 한 것도 생각해 볼 만하다. 장차 올 메시아는 예루살렘의 제왕적인 군주가 아니라 베들레헴의 목자와도 같은 분으로 그의 통치 아래에서 참된 평화로운 시대가 이루어질 것이다.

> 그때에 이리가 어린 양과 함께 살며 표범이 어린 염소와 함께 누우며 송아지와 어린 사자와 살진 짐승이 함께 있어 어린 아이에게 끌리며 암소와 곰이 함께 먹으며 그것들의 새끼가 함께 엎드리며 사자가 소처럼 풀을 먹을 것이며 젖 먹는 아이가 독사의 구멍에서 장난하며 젖 뗀 어린 아이가 독사의 굴에 손을 넣을 것이라(사 11:6-8)

이사야의 메시아 예언을 통해 본 하나님은 강력한 군사력으로 군림하는 제국의 왕이 아니라, 하나님의 영이 임한 아이를 통해 역사하시는 분이다. 역사의 주관자이신 하나님은 전쟁을 즐기는 분이 아니라 평화를 사랑함으로 공평과 정의를 실천하며 더불어 사는 공동체를 이루고자 하신다. 이사야 11장 6-9절은 이사야 65장 25절에 반복해서 나오는데, "공평과 정의가 실현되는 사회가 이상적인 공동체"라는 사상이 포로 후기 공동체에도 이어지고 있음을 보여준다.

이사야가 예언한 공평과 정의가 실현되는 영원한 평화의 나라를 성취하기 위해 예수 그리스도께서 이 땅에 오셨다.

> 오늘 다윗의 동네에 너희를 위하여 구주가 나셨으니 곧 그리스도 주시니라 너희가 가서 강보에 싸여 구유에 뉘어 있는 아기를 보리니 이것이 너희에게 표적이니라 하더니 홀연히 수많은 천군이 그 천사들과 함께 하나님을 찬송하여 이르되 지극히 높은 곳에서는 하나님께 영광이요 땅에서는 하나님이 기뻐하신 사람들 중에 평화로다 하니라(눅 2:11-14)

2) 귀하고 견고한 기촛돌

> 그러므로 주 여호와께서 이같이 이르시되 보라 내가 한 돌을 시온에 두어 기초를 삼았노니 곧 시험한 돌이요 귀하고 견고한 기촛돌이라. 그것을 믿는 이는 다급하게 되지 아니하리로다(사 28:16)

이사야 예언자가 활동하던 시기는 이스라엘과 유다가 정치적, 군사적 위협에 직면한 시대였다. '기촛돌'은 하나님께 의지하지 않고 외교적 동맹이나 인위적 방법에 의존하던 유다의 지도자들에게 주어진 경고와 희망의 메시지로 볼 수 있다. '기촛돌'은 하나님의 신실함과 변함없는 기초를 상징한다. 이는 하나님이 제공하시는 안정적이고 확고한 기초를 가리키며, 특히 영적 신뢰와 안전을 보장한다. 귀하고 견고한 기촛돌은 이스라엘 백성에게 하나님의 약속을 상기시키는 역할을 했다.

기독교적 관점에서는 이 구절이 메시아, 곧 예수 그리스도를 예표하는 것으로 이해된다. '기촛돌'은 신뢰할 수 있는 메시아의 역할과 관련이 있다. 신약성경은 이사야가 예언한 귀하고 견고한 기촛돌을 여러 차례 인용하면서 예수 그리스도에게 적용하고 있다.

> 예수께서 이르시되 너희가 성경에 건축자들이 버린 돌이 모퉁이의 머릿돌이 되었나니 이것은 주로 말미암아 된 것이요 우리 눈에 기이하도다 함을 읽어 본 일이 없느냐(마 21:42)
>
> 기록된 바 보라 내가 걸림돌과 거치는 바위를 시온에 두노니 그를 믿는 자는 부끄러움을 당하지 아니하리라 함과 같으니라(롬 9:33)

성경에 기록되었으되 보라 내가 택한 보배로운 모퉁잇돌을 시온에 두노니 그를 믿는 자는 부끄러움을 당하지 아니하리라 하였으니(벧전 2:6)

3) 예루살렘의 구원

주전 8세기 메소포타미아에서 패권을 차지한 아시리아 제국이 시리아-팔레스타인 지역까지 팽창하여 영향력을 행사하였다. 아시리아의 팽창에 저항하던 시리아는 주전 732년에, 북이스라엘은 주전 722년에 멸망하였으며, 남유다는 아시리아의 조공 국가가 되었다. 유다의 왕 히스기야는 이집트와 동맹을 맺고 반 아시리아 정책을 쓰려고 하였는데, 이사야 예언자는 하나님을 의지하지 않고 이집트와 같은 외국 세력과 동맹을 맺으려는 히스기야의 정책을 강력히 비판하였다.

그들이 바로의 세력 안에서 스스로 강하려 하며 애굽의 그늘에 피하려 하여 애굽으로 내려갔으되 나의 입에 묻지 아니하였도다. 그러므로 바로의 세력이 너희의 수치가 되며 애굽의 그늘에 피함이 너희의 수욕이 될 것이라(사 30:2-3)

이사야 예언자는 아시리아에 의해 북이스라엘이 멸망하고 아시리아의 왕 사르곤이 블레셋의 아스돗을 쳤을 때에도 남유다가 이집트를 의지하려는 것을 경고하기 위해 3년 동안 벗은 몸과 발로 다녔다.

여호와께서 이르시되 나의 종 이사야가 삼 년 동안 벗은 몸과 벗은

발로 다니며 애굽과 구스에 대하여 징조와 예표가 되었느니라(사 20:3)

이는 예언자의 상징적 행위로 당시 벗은 몸과 발은 적에게 사로잡혀 포로로 끌려가는 모습이다. 이사야 예언자는 이집트가 아시리아에 패배해 포로로 끌려갈 것이므로 결코 의지해서는 안 된다는 것을 몸으로 직접 보여준 것이다. 아시리아 왕 산헤립이 군대를 이끌고 유다를 침공할 때 히스기야를 지원하기 위해 온 이집트 군대는 대패하고 도망을 갔다.

주전 701년 산헤립의 군대는 유다의 많은 성읍을 정복하고 그의 신하 랍사게를 보내 예루살렘을 위협하였다. 히스기야는 아시리아의 예루살렘 침공에 대비하여 기드론 골짜기에 있는 기혼 샘에서 성 안의 실로암 연못에 이르는 지하수로를 확보하기 위해 터널을 뚫었다(대하 32:2-4). 히스기야 터널(Hezekiah Tunnel)은 1838년 미국의 에드워드 로빈슨(Edward Robinson)에 의해 발견 되었으며, 1880년에 히스기야 당시 터널 공사와 관련한 내용이 새겨진 실로암 비문이 발견되었다. 이사야는 히스기야에게 사람을 보내 아시리아의 산헤립 왕이 예루살렘을 조롱하고 능욕하지만 결코 정복하지 못할 것임을 예언하였다.

그러므로 여호와께서 앗수르 왕에 대하여 이같이 이르시되 그가 이 성에 이르지 못하며 화살 하나도 이리로 쏘지 못하며 방패를 가지고 성에 가까이 오지도 못하며 흉벽을 쌓고 치지도 못할 것이요 그가 오던 길 곧 그 길로 돌아가고 이 성에 이르지 못하리라 나 여호와의 말이니라. 대저 내가 나를 위하며 내 종 다윗을 위하여 이 성을 보호하며 구원하리라 하셨나이다 하니라(사 37:33-35)

이사야의 예언대로 하나님의 사자가 나와서 아시리아 군대 18만 5천 명을 쳐서 죽임으로 산헤립은 니느웨로 돌아갔으며, 그곳에서 칼에 맞아 죽었다(사 37:36-38; 왕하 19:35-37). 아시리아 왕 산헤립의 유다 침공과 관련한 내용은 아시리아의 수도인 니느웨 왕궁 벽의 부조조각과 산헤립의 비문에도 상세하게 나와 있다. 니느웨 왕궁 벽의 부조에는 산헤립이 유다의 성읍 라기스를 점령할 당시의 전투 장면이 생생하게 그려져 있다. 산헤립의 비문에는 아시리아가 라기스를 점령한 후 예루살렘의 히스기야가 항복하며 많은 조공을 바침으로 예루살렘을 공격하지 않고 니느웨로 돌아왔다고 기록되어 있다.

그러나 이사야 예언자는 아시리아의 왕 산헤립이 예루살렘을 점령하지 못한 것은 여호와께서 예루살렘을 보호해 주셨기 때문이라고 하였으며, 이때부터 예루살렘은 어떤 적이 와도 결코 함락되지 않는 하나님의 도성이라는 믿음이 생겼다. 이러한 믿음은 주전 6세기 바빌로니아에 의해 예루살렘이 함락될 위기에 빠졌을 때에도 예루살렘의 지도자들 사이에 지속되었지만, 예레미야에 의해 비판을 받게 된다.

Tip 5

남북 이스라엘 예언자들의 비교

북이스라엘에서 활동한 예언자들인 엘리야와 엘리사, 그리고 남유다의 예언자인 이사야를 비교해 볼 때 공통점은 사회적 부패나 위선적 종교제의에 대해 날카롭게 비판하면서 사회적인 의와 하나님의 말씀에 대한 순종을 요구한 것 등이다.

> 너희가 손을 펼 때에 내가 내 눈을 너희에게서 가리고 너희가 많이 기도할지라도 내가 듣지 아니하리니 이는 너희의 손에 피가 가득함이라(사 1:15)

이사야가 사회적 불의를 행하면서 하는 기도는 유효하지 않다고 한 위의 말씀처럼 북이스라엘의 아모스와 호세아 예언자도 사회적 불의를 행하면서 드리는 제물은 하나님이 기뻐하지 않는다는 것을 강조하고 있다. 특히 호세아는 이사야처럼 자녀의 이름이나 상징적인 행동을 통해 예언적인 메시지를 전하기도 한다.

차이점이 있다면 왕국에 대한 그들의 시각이다. 북이스라엘 예언자들은 왕국에 대해 근본적으로 부정적 입장을 갖고 비판한다. 북이스라엘 예언자들은 왕국 자체를 부정하는 경향이 강하여, 호세아 같은 경우 하나님을 '왕'으로 표현한 것이 한 번도 나오지 않는다. 남유다의 예언자들도 왕국에 대한 비판은 하지만 왕국 자체를 부정하지는 않으며, 다윗 왕국을 이상적인 시대로 보고 있다. 남유다의 예언자들에게서는 왕적 이미지를 갖고 있는 메시아사상이 계속 이어지면서 주전 586년 바빌로니아에 의해 유다 왕국이 멸망한 후에는 다윗 계통의 왕국이 계속될 것이라는 약속이 메시아 왕국에 대한 기대로 발전한다.

예언사상의 신학적 근거를 생각해 보면, 북이스라엘 예언자들은 출애굽 신앙과 레위 전통에 신학적 뿌리를 두고 있는 반면에 남유다의 예언자인 이사야는 예루살렘 성전과 사독계열의 제왕전승에 신학적 뿌리를 두고 있다. 북이스라엘 예언자들에게 하나님의 산은 시내산(혹은 호렙산)이라면, 이사야에게 있어서 하나님의 산은 예루살렘 성전이 있는 시온산이다.

제2이사야(사 40-55장)

1. 역사적 배경

제2이사야는 페르시아의 고레스(Cyrus II, 주전 550년-530년)가 등장하는 바벨론 포로 말기의 상황을 보여준다. 남유다 왕국은 이미 멸망하여 많은 백성들이 바빌로니아에 포로로 끌려가 있는 것이 전제가 되어 있다. 바빌로니아 제국은 느부갓네살이 죽은 후 점차 쇠퇴하기 시작하였으며, 강력한 국가로 성장한 페르시아의 고레스에 의해 주전 539년 멸망하게 된다. 바빌로니아 왕으로 즉위한 고레스는 바빌로니아에 포로로 끌려와 있던 백성들이 자기 나라로 돌아갈 수 있도록 한 칙령을 발표하였다. 고레스의 칙령에 의해 바벨론 포로민은 다시 예루살렘으로 귀환할 수 있게 되었다. 이사야 40-55장은 이와 같은 역사적 상황 속에서 바벨론 포로민에게 선포한 희망과 구원의 메시지로 되어 있다.

2. 내용분석

1) 서론: 위로와 희망(40:1-11)

a. 40:1-2 위로의 선언 "내 백성을 위로하라"

b. 40:3-5 광야에서의 길을 예비하라는 부름

c. 40:6-11 하나님의 말씀의 영원성과 목자로서의 하나님

2) 하나님의 위대함과 창조주로서의 능력(40:12-31)

하나님의 주권과 위대함을 강조하면서, 인간의 연약함과 하나님의 영원한 힘을 대조한다.

3) 이스라엘의 회복과 구원(41-48장)

바벨론 포로민을 향해 "두려워 말라"는 표현이 반복해서 나오면서(사 41:10, 13, 14; 43:1, 5 등), 바빌로니아를 함락하고 포로민으로 하여금 고향 땅으로 돌아가도록 칙령을 발표한 페르시아의 고레스 왕을 메시아를 의미하는 "기름부음 받은 자"로 언급한다(사 45:1).

a. 41장: 이스라엘을 선택하신 하나님
   두려움에서의 해방 약속
   하나님의 섭리와 이방 신들의 무능함

b. 42장: 여호와의 종 (첫 번째 종의 노래)
   종의 사명과 공의를 세우는 역할

c. 43-44장: 이스라엘의 회복 약속
   하나님의 구속과 새 일을 행하심
   우상숭배의 헛됨 강조

d. 45-48장: 고레스와 하나님의 구원 계획
   고레스 왕을 하나님의 도구로 사용하심
   바빌로니아의 멸망과 이스라엘 귀환 약속

4) 여호와의 종의 노래와 구속자 (49-55장)

a. 49장: 두 번째 종의 노래

b. 50장: 세 번째 종의 노래

c. 51-52장: 위로와 회복의 약속

하나님의 구원의 날과 이스라엘 회복

예루살렘의 재건 약속

d. 53장: 네 번째 종의 노래 (고난 받는 종)

메시아적 예언으로 해석

종의 희생과 이를 통한 구원

e. 54-55장: 영광스러운 회복과 새 언약

하나님의 사랑과 은혜 강조

모든 민족을 향한 구원의 초대

신학자 둠(Bernhard Duhm)은 종의 노래가 모두 네 곳에 등장한다는 것을 구별해 냈다(사 42:1-4; 49:1-6; 50:4-9; 52:13-53:12). 종의 노래와 관련해서 여러 가지 논쟁들이 있다.

첫째, 종의 노래의 저자는 누구인가? 이에 대해 여러 가지 의견이 있지만, 일부 학자는 종의 노래가 제2이사야 자신에게서 유래한 자서전적인 해석이라고 주장한다. 그 근거로는 1인칭 단수형이 사용되고 있다는 것이다(사 49:1이하; 50:4이하).

둘째, 이 종은 누구를 가리키는 것인가? 여기에 대해서는 다양한 주장들이 있다. 바빌로니아에 포로로 끌려간 여호야긴 왕이라고도 하고, 이스라엘의 바벨론 포로민이라고도 한다. 여호와의 종이 한 개인이냐, 집단이냐 하는 문제도 있다. 특히 마지막 종의 노래인 이사야 52장 13절-53장 12절은 다른 종의 노래와 차이가 있다는 점에 주목한다.

3. 주요 메시지

1) 유일신(Monotheism) 사상

제2이사야(이사야서 40-55장)에 나타난 유일신 사상은 이스라엘의 역사와 신앙에서 중요한 전환점을 이루고 있다. 제2이사야는 하나님 외에는 다른 신이 없다는 점을 강력히 선포한다.

> 이스라엘의 왕인 여호와, 이스라엘의 구속자인 만군의 여호와가 말하노라 나는 처음이요 나는 마지막이라 나 외에 다른 신이 없느니라(사 44:6)
>
> 나 여호와가 아니냐 나 외에 다른 이가 없나니 나는 공의를 행하며 구원을 베푸는 하나님이라 나 외에 다른 이가 없느니라(사 45:21)

제2이사야는 재판논쟁의 어조로 다른 신들은 인간이 만든 물건일 뿐이라는 점을 강조하면서 여호와만이 참 하나님이라는 유일신 사상을 확고하게 하였다(사 40:18-19; 42:17; 44:6; 45:5, 15, 18; 46:9). 이것은 당시 다신론(多神論)적 배경을 갖고 있는 바빌로니아 종교의 신들은 인간이 만든 우상에 불과하며, 우상들은 아무런 능력이 없는 헛된 존재임을 밝힌다(사 44:9).

이스라엘 종교사적으로 볼 때 유일신 사상이 확고하게 확립된 것은 바로 이 시기였다. 이스라엘의 초기 종교는 다신론적인 요소를 갖고 있었다. 족장시대에는 엘 샤다이(El Shadai, 전능하신 하나님), 엘 엘리욘(El Elyon, 지극히 높으신 하나님), 엘 벧엘(El Bethel, 벧엘의 하나님) 등 족장들이 섬기는 엘(El) 신은 가나안의 최고신으로 있었는데, 후에 여호와 하나님과 동일시되었다. 여호와 신앙은 출애굽 사건과 시내산 언약을 통해 형성되었으며, 이스라엘의 유일하신 하나님으로 경배되었다. 그러나 이 시기에는 다른 민족들의 신들의 존재 자체를 부정하지는 않았다. 예컨대, "너는 나 외에는 다른 신들을 네게 있게 말지니라"(출 20:3)는 계명은 여호와 하나님만을 경배할 것을 요구하지만, 다른 신의 존재를 근본적으로 부정하지는 않는다.

이스라엘 왕국(사울, 다윗, 솔로몬)과 이후 남북 분열 왕국시대를 거치며, 예언자들에 의해 유일신 사상이 발전되기 시작했다. 아모스, 호세아, 이사야와 같은 예언자들은 여호와의 절대성을 강조하며, 다른 신들에 대한 의존을 강하게 비판했다. 이스라엘 예언자들은 이방 민족들에 대한 심판의 메시지를 통해 여호와 하나님은 이스라엘뿐만 아니라 다른 민족들의 운명도 좌우한다는 점을 강조하였다. 그럼에도 불구하고 이스라엘 왕국시대에는 종교혼합주의가 성행하였으며, 바알과 아세라를 섬기는 민간 신앙이 계속되었다.

바벨론 포로기는 유일신 사상이 종교적으로 확립되는 결정적인 전환점이었다. 제2이사야는 여호와가 모든 민족과 역사의 주관자이며, 유일한 창조주라는 점을 선언하고 철저한 유일신 사상을 확립하였다. 바벨론 포로기 이후 페르시아 제국이 등장하면서 포로민의 귀환과 성전 재건(제2성전)을 통해 유일신 사상은 더욱 체계화되었다. 이 시기에 토라 중심의 신앙 체계가 확립되면서, 다른 신들의 존재 자체를 부정하는 철학적인 유일신으로 발전했다.

Tip 6

토라(Torah)

토라(תּוֹרָה)는 히브리 성경의 처음 다섯 권을 말하며, 우리는 흔히 율법서 혹은 모세오경이라고 한다. 토라는 보통 '율법'이라고 번역하며, 영어로는 'law'라고 한다. 중세 유대철학자요 율법학자인 마이모니데스(Maimonides)는 토라에 대한 체계적인 정리를 하였는데, 모두 613개의 계명으로 정리했다. 그중에 248개는 "하나님을 사랑하라", "안식일을 지켜라"는 등의 "... 하라"는 긍정적인 계명으로 신체의 뼈 숫자에 상응하고, 365개는 "도둑질하지 말라", "거짓말하지 말라" 는 등의 "... 하지 말라"는 부정적인 계명으로 1년의 날 수에 해당한다.

토라의 어원인 '야라(יָרָה)'는 '가르친다(to teach)'는 뜻이다. '야라'의 분사형인 '모레(מוֹרֶה)'는 "가르치는 사람", 즉 '교사(teacher)'를 말한다. 이런 의미에서 토라는 법전을 뜻하는 '율법'보다는 '가르침'과 '교훈'을 뜻하는 포괄적인 의미로 이해하는 것이 더 적절하다.

오늘날 유대인들에게 있어서 토라를 모세오경으로 국한하는 것은 좁은 의미이고 구약성경인 히브리 성경 전체를 가리켜 토라라고 하며, 더 나아가 미드라쉬(Midrash)와 탈무드(Talmud) 등 구전으로 내려오는 가르침까지 통틀어서 토라라고 한다.

모세오경과 역사서는 바벨론 포로기와 포로기 이후에 최종적인 형태를 갖추게 되었다. 바벨론 포로기에 확립된 유일신 사상은 태고사(창 1-11장)와 족장시대(창 12-50장)를 비롯한 이스라엘 초기의 역사에 모두 소급하여 적용되었다. 그렇게 함으로써 지금 우리가 갖고 있는 구약성경은 유일신 사상에 뿌리를 둔 하나님의 말씀이 되었다. 그럼에도 구약성경 구석구석에는 유일신 사상이 확립되기 이전의 종교적 상황에 대한 흔적이 남아 있다.

2) 창조신앙

주전 586년 바빌로니아에 의해 예루살렘이 함락되고 성전이 파괴된 후 많은 사람이 바빌로니아에 포로로 끌려왔다. 나라는 멸망하고 성전이 파괴된 상태에서 바빌로니아에 끌려온 포로민은 민족의 동질성뿐만 아니라 신앙적 위기에 직면하였다. 바빌로니아의 높은 탑 위에 세워진 마르둑(Marduk) 신전의 웅장함은 이스라엘 백성들이 그렇게 자랑스럽게 여기던 솔로몬 성전을 압도하였으며, 바빌로니아 창조서사시(Enuma Elish)는 마르둑이 혼돈의 신인 티아맛(Tiamat)을 물리치고 세상을 창조한 최고의 신임을 선포하였다.

제2이사야는 이러한 바빌로니아 종교의 창조 서사시에 맞서서 여호와 하나님이 유일한 창조주요 우주 만물을 창조하신 분임을 선포한다. 창조주 하나님에 대한 고백은 하나님의 보편성과 유일성을 강조하는 핵심 요소가 되었다.

대저 여호와께서 이같이 말씀하시되 하늘을 창조하신 이 그는 하나님이시니 그가 땅을 지으시고 그것을 만드셨으며 그것을 견고하게 하시되 혼돈하게 창조하지 아니하시고 사람이 거주하게 그것을 지으셨으니 나는 여호와라 나 외에 다른 이가 없느니라(사 45:18)

폰 라드(Gerhard von Rad)는 "이스라엘의 역사적 신조(신 25:6-9)"에 근거하여 이스라엘 전승사에서 창조신학은 후대에 형성된 것이라고 주장한다. 이스라엘의 역사적 신조에는 족장, 출애굽, 광야생활과 영토점유 등에 대한 언급은 있지만, 창조에 관한 언급이 없기 때문이다. 이를 근거로 초기 이스라엘 신앙은 출애굽 사건과 가나안 정복 등, 하나님의 구원사적 사건에 초점을 맞추어 하나님을 이스라엘 민족의 구원자요 언약의 하나님으로 고백하였다.

이스라엘 종교사에서 창조신앙이 뚜렷하게 표현되기 시작한 것은 제2이사야가 바벨론 포로기에 바빌로니아의 신 마르둑이 악신인 티아맛을 물리치고 세상을 창조하였다는 것에 반대하여 이 세상을 창조하신 것은 여호와 하나님이라는 것을 선포하면서부터라고 할 수 있다. 창세기 1장에 있는 창조이야기는 바빌로니아 창조 서사시와 유사한 점들이 많이 있어서 바벨론 포로기 때 포로로 끌려간 제사장들에 의해 형성된 것으로 보고 있다. 이때부터 창조신학은 이스라엘 신앙의 중요한 부분으로 자리 잡았다.

성경의 창조신앙은 단순히 창조 사건을 설명하는 데 그치지 않고 하나님이 질서와 생명의 근원이며 온 우주 만물을 주관하는 유일한 분임을 강조하고 있다. 창조신앙은 세상과 우주의 형성과 관련한 과학적 설명이라기보다는 고난과 시련 중에도 절망하지 않고 소망을 갖게 하는 믿음의 고백이라고 할 수 있다. 제2이사야는 혼돈 가운데 세상을 창조하신 창조주 하나님에 대한 고백을 통해 이스라엘 백성들이 바벨론 포로기의 절망적인 상황 속에서도 좌절하지 않고 소망을 갖도록 해 준다.

> 여호와의 팔이여 깨소서 깨소서 능력을 베푸소서 옛날 옛 시대에 깨신 것 같이 하소서 라합을 저미시고 용을 찌르신 이가 어찌 주가 아니시며 바다를, 넓고 깊은 물을 말리시고 바다 깊은 곳에 길을 내어 구속 받은 자들을 건너게 하신 이가 어찌 주가 아니시니이까 여호와께 구속 받은 자들이 돌아와 노래하며 시온으로 돌아오니 영원한 기쁨이 그들의 머리 위에 있고 슬픔과 탄식이 달아나리이다(사 51:9-11)

3) 출애굽 신앙

제2이사야는 바벨론 포로에서 귀환하게 된 것을 제2의 출애굽으로 보았다. 출애굽을 단순한 과거의 사건으로 보지 않고 하나님께서 현재와 미래에도 역사하시는 사건으로 선포하였다. 하나님께서 과거에 이스라엘을 이집트의 압제에서 구원하셨듯이, 이제는 바빌로니아 포로 생활에서 그들을 해방시키고 다시 예루살렘으로 돌아오게 하실 것이라고 선포한다(사 43:16-19).

> 보라 내가 새 일을 행하리니 이제 나타낼 것이라 너희가 그것을 알

> 지 못하겠느냐 반드시 내가 광야에 길을 사막에 강을 내리니 장차 들짐승 곧 승냥이와 타조도 나를 존경할 것은 내가 광야에 물을, 사막에 강들을 내어 내 백성, 내가 택한 자에게 마시게 할 것임이라(사 43:19-20)

제2이사야는 하나님의 구원 행위(출애굽)를 창조신앙과 연결한다. 하나님은 바다를 갈라 홍해를 건너게 하셨던 분이며, 동시에 우주를 창조하신 전능한 하나님이시다(사 40:28, 51:10). 하나님은 "광야에 길을 내고 사막에 강을 내실 것"(사 43:19)이라고 약속하며, 포로 해방이 단순히 물리적 이동이 아니라 하나님의 새로운 창조 행위임을 선포한다.

4) 우주적 신앙

출애굽 신앙은 제2이사야에서 보편적 구원으로 확대된다. 하나님은 온 우주 만물을 창조하시고 모든 역사를 주관하시는 분이며, 그 구원의 규모가 우주적이다(사 40:5). 만방의 정의를 구현하고, 종을 이방의 빛으로 삼는다(사 42:6). 하나님의 구원은 단지 이스라엘 민족만을 위한 것이 아니다. 하나님의 구원은 땅 끝까지 이르며 온 열방을 위한 것임을 강조한다(사 49:6). 세상 모든 입이 여호와를 인정하고 찬양한다.

> 그가 나라들을 놀라게 할 것이며 왕들은 그로 말미암아 그들의 입을 봉하리니 이는 그들이 아직 그들에게 전파되지 아니한 것을 볼 것이요 아직 듣지 못한 것을 깨달을 것임이라(사 52:15)

5) 수난신학

제2이사야는 고난의 종의 노래(사 52:13-53:12)를 통해 고난에 대한 새로운 이해를 하고 있다. 전통적인 고난에 대한 이해는 인과응보의 사상이다. 인과응보 사상에 따르면, 착한 사람은 상을 받고 악한 사람은 벌을 받는다. 고난은 죄의 대가로 주어진 벌이다. 그러나 현실적으로는 악한 사람이 번성하고 착한 사람이 어려움을 겪고 있는 경우가 많다. 왜 의로운 사람이 고난을 받는가 하는 문제를 가장 깊이 있게 다룬 것이 욥기이다.

욥기는 욥의 고난을 통해 의로운 사람이 고난을 받는 현실에 직면하여 하나님의 정의에 관한 신정론(神正論, theodicy) 문제를 제기한다. 정의로운 하나님이라면 악한 사람은 벌을 받고 착한 사람은 상을 받아야 하는데, 왜 착한 사람이 벌을 받는 것처럼 고난을 당하느냐는 문제이다. 욥기는 고난은 죄의 결과가 아니라 의로운 사람도 고난을 당할 수 있다는 문제를 제기함으로써 고난 당하는 사람을 함부로 판단하거나 정죄해서는 안 된다는 점을 강조한다.

욥기가 의로운 사람도 고난을 받을 수 있다는 문제를 제기하였다면, 제2이사야는 더 나아가 죄인이 받아야 할 고난을 의로운 사람이 대신 짊어지는 대속의 고난에 대해 말한다.

이사야 52장 13절-53장 12절에 있는 고난의 종의 노래는 고난에 대한 단순한 탄식시를 넘어서 고난을 대속적인 수난으로 이해하고 있다. 고난의 종은 자신의 사명에 충실함으로 죽음에까지 이르는 수난을 당하였으며, 종의 수난으로 다른 사람이 완전하게 치료를 받게 됨으로 무죄한 자의 고난이 구원의 도구가 되었다. 이 대속의 고난에 관한 종의 노래는 예수 그리스도의 고난과 십자가 사건을 이해하는 열쇠가 된다. 예수는 죄가 없으신 의로운 분이지만, 죄인 된 인간을 위해 대신 고난을 당하시고 십자가에 못 박혀 죽으셨다.

사도행전 8장 34절에 에티오피아의 내시가 바로 이사야서에 있는 이 말씀을 읽고 이해하지 못해서 초대교회 집사인 빌립에게 물었을 때, 빌립은 대속의 고난의 관점에서 예수 그리스도의 고난과 십자가 구원에 대한 복음을 전하였다.

Tip 7

인류 정신사의 황금기

주전 6-5세기는 세계사적으로 인류 정신사의 황금기라고 할 수 있다. 독일의 철학자 칼 야스퍼스(Karl Jaspers, 1883년-1969년)는 이 시기를 인류 역사에 근본적인 변화가 일어난 시기라고 하였다.

그리스에서는 서양철학의 아버지인 소크라테스(Socrates, 주전 470년경-399년)가 등장하고, 주전 6세기경 인도에서는 불교의 창시자인 석가모니가 나왔다. 중국에서는 유교의 시조인 공자(孔子, 주전 551년-479년)가 등장하였다.

이와 같은 시기인 주전 6세기경 바벨론 포로 말기에 활동하였던 제2이사야는 유일신 사상을 확립한 불멸의 예언자이다.

제3이사야(사 56-66장)

이사야 56장에서 66장까지를 제3이사야로 명명하는데, 역사적 배경은 바벨론 포로기 이후 팔레스타인의 상황을 반영하고 있으며, 예루살렘 성전은 이미 재건되어 있음을 전제하고 있다. 그래서 제3이사야의 기록 시기를 주전 516년 성전 재건(사 56:6-8 성전 재건 전제)과 주전 444년 느헤미야의 귀국 사이로 본다. 제3이사야는 성전의 재건을 전제하면서도 민족주의보다는 보편주의를 반영하고 있다.

제3이사야는 성전, 희생제물, 안식일에 대한 언급을 통해 바벨론 포로 후기 유대 사회에 대한 중요한 정보를 제공한다. 제3이사야는 공의와 정의를 실천하는 것이 하나님께 나아가는 길임을 강조하며(사 56:1), 외국인과 사회적 약자를 포용하면서, 형식적인 예배와 금식에 대해 비판한다.

> 내가 기뻐하는 금식은 흉악의 결박을 풀어 주며 멍에의 줄을 끌러 주며 압제 당하는 자를 자유하게 하며 모든 멍에를 꺾는 것이 아니겠느냐 또 주린 자에게 네 양식을 나누어 주며 유리하는 빈민을 집에 들이며 헐벗은 자를 보면 입히며 또 네 골육을 피하여 스스로 숨지 아니하는 것이 아니겠느냐(사 58:6-7)

이사야 59장에서 하나님의 구원의 손길이 늦어진 것은 하나님이 무력해서가 아니라 죄의 결과임을 선포하면서 하나님은 이스라엘의 남은 자를 통해 구원의 역사를 이루실 것을 약속한다. 그리고 이사야 60장은 예루살렘 일출봉이라고 할 수 있는데, "일어나라 빛을 발하라"(사 60:1)는 선언을 통해 하나님의 영광이 온 땅에 드러나며 이방 민족들도 하나님께 나아오게 될 것을 보여준다.

하나님의 백성들이 가진 제사장적 임무를 보여주는 이사야 61장은 메시아적 기대로 발전하여 예수께서 공생애를 시작하면서 회당에서 읽은 말씀이기도 하다.

> 주 여호와의 영이 내게 내리셨으니 이는 여호와께서 내게 기름을 부으사 가난한 자에게 아름다운 소식을 전하게 하려 하심이라 나를 보내사 마음이 상한 자를 고치며 포로된 자에게 자유를, 갇힌 자에게 놓임을 선포하며(사 61:1; 눅 4:16-20 참고)

이사야 62-66장은 하나님께서 이스라엘 백성에 주시는 회복과 심판, 그리고 새로운 창조에 관한 말씀이다. 하나님은 시온(예루살렘)을 더 이상 버리지 않으시고 새 이름을 주어 기쁨의 대상이 되게 하시고(사 62장), 이스라엘에 긍휼과 은혜를 베푸실 것을 약속하신다(사 63장). 이스라엘 백성들은 자신의 죄를 회개하면서 하나님께서 토기장이처럼 자신들을 새롭게 빚어주실 것을 기도하고(사 64장), 하나님은 남은 자들을 축복하시고 악인은 심판받을 것이라 말하시며 새 예루살렘을 창조하신다(사 65장). 그리고 하나님은 악인을 심판하시고 의인을 구원하시며 새로운 창조를 통해 영원히 지속될 하나님의 백성과 나라를 세우실 것이다(사 66장). 사실 제3이사야에는 많은 부분에 제2이사야의 말씀이 재사용되고 있어서 일부 학자들은 이사야 40-66장을 묶어서 제2이사야라고 명명하기도 한다.

Tip 8

이사야서 사해 두루마리(1QIsa)

1947년 한 목동에 의해서 사해의 쿰란 동굴에서 여러 두루마리가 발견되었는데, 그 중에 쿰란 제1동굴에서 발견된 이사야 두루마리도 있었다. 1QIsa는 쿰란 제1동굴에서 발견된 이사야 두루마리라는 뜻이다. 이사야 두루마리는 방사선 연대 측정 결과 주전 2-1세기경의 것으로 판명되었는데, 길이가 7.34m로 이사야 1장부터 66장까지 모두 들어 있었다. 이 이사야 두루마리는 현재 히브리 성경의 본문으로 사용되는 레닌그라드 사본(주후 1천년경)보다 1천 년 이상 앞선 것이다. 학자들은 이사야서 사해 사본과 현대 히브리 성경의 표준 본문인 레닌그라드 사본을 비교해 본 결과 내용상의 차이가 거의 없어서 레닌그라드 사본의 히브리어 본문을 신뢰할 만하다고 평가한다.

현재 이사야 두루마리를 비롯한 많은 사해 사본은 예루살렘에 사본들이 담겨 있던 항아리 뚜껑 모양으로 건축된 박물관인 책의 전당(The Shrine of the Book)에 보관, 전시되어 있다.

예레미야

1. 역사적 배경

예언자 예레미야가 활동한 시기는 주전 7세기 후반에서 6세기 초반으로 유다 왕국의 멸망과 바벨론 포로 시기와 밀접한 관련이 있다. 예레미야는 요시아(주전 640년-609년)의 종교개혁 시대부터 여호야김(주전 609년-598년), 여호야긴(주전 598년), 그리고 유다의 마지막 왕인 시드기야(주전 597년-586년) 때까지 활동하였으며, 급변하는 국제정세 속에 예루살렘이 함락되고 성전이 파괴되는 등 이스라엘 역사상 가장 비극적인 시기라고 할 수 있다.

이스라엘 왕국시대에 하나님 보시기에 가장 악한 왕이 북이스라엘에서는 여로보암 1세라면, 남쪽 유다 왕국에는 므낫세 왕이다. 므낫세(주전 687년-642년)는 부왕 히스기야가 파괴시킨 앗수르 신을 재건하고, 유다를 완전 이교화하였다. 이사야 예언자를 죽이고, 바알과 아세라, 뱀, 남창, 일월성신 숭배, 마술사와 점술사, 몰렉신 제사 등이 성행했다(렘 7:31). 그의 아들 아몬(주전 642년-640년)은 므낫세를 답습하다가 부하에게 살해당했다. 그리고 요시아(주전 640년-609년)가 8세에 왕위에 올랐다. 메소포타미아에서는 점차 강성해지는 바빌로니아를 아시리아가 견제하느라 시리아 팔레스타인 지역에 대한 영향력이 약화되었다. 이때 유다 왕 요시아는 종교개혁을 단행하면서 여호와 종교의 회복에 혼신의 힘을 다하고, 자주국방을 통한 영토팽창정책을 추구하였다.

주전 621년 대제사장 힐기야에 의해 성전을 보수할 때 율법책(신명기)을 발견하였는데, 요시아 왕은 이를 토대로 종교개혁을 단행했다(왕하 22:8이하). 예레미야의 예언 활동은 요시아 왕이 종교개혁을 시도하던 시기에 시작된다. 요시아는 바알숭배와 같은 우상숭배를 청산하고 여호와 신앙을 강화하려 했다. 예레미야는 전국을 순례하며 요시아의 종교개혁을 측면에서 지원하였으며, 당시 여예언자 훌다(왕하 22:15이하; 대하 34:22이하)도 요시아의 종교개혁을 촉구했다.

주전 612년 강성해진 바빌로니아 제국은 아시리아의 수도 니느웨를 함락했다. 주전 609년 이집트 왕 느고(Necho II)가 아시리아를 돕는다는 명목으로 군대를 이끌고 팔레스타인으로 진군해 오자 유다 왕 요시아는 므깃도에서 이집트 군대와 전투를 하다가 전사하였다(왕하 23:29). 주전 605년 이집트 왕 느고는 갈그미스(Carchemish)에서 아시리아의 남은 세력과 연합하여 바빌로니아와 전쟁을 하지만, 패배하여 퇴각하게 되고 아시리아는 멸망하였다. 갈그미스 전투에서 승리한 바빌로니아의 느부갓네살(Nebuchadnezzar II)은 나보폴나살의 뒤를 이어 왕이 되었으며, 시리아-팔레스타인 지역에 대한 패권을 차지하게 된다.

이집트 왕 느고는 여호야김을 유다의 왕으로 세우고 반 바빌로니아 정책을 쓰도록 한다. 유다는 정치적 혼란에 빠졌고, 종교적 타락도 심화되었다. 여호야김은 이집트의 사주로 반 바빌로니아 정책을 쓰다가 주전 597년에 바빌로니아 느부갓네살 왕의 공격을 받게 되었다. 여호야김은 예루살렘이 공격받기 3개월 전에 죽고, 그의 아들 여호야긴이 왕위에 올랐으나, 바빌로니아에 포로로 끌려갔다. 이때 포로로 잡혀간 이들 중에 에스겔도 있었다. 예레미야는 포로로 끌려간 사람들에게 편지를 보내 격려하고 위로하였다.

바빌로니아의 느부갓네살은 여호야긴을 포로로 끌고 가고 대신 시드기야를 왕위에 세웠는데, 친 바빌로니아 정책을 쓰던 시드기야도 다시 이집트 파의 주장에 따라 바빌로니아에 대항하였다. 예레미야는 이때 이집트를 "터진 웅덩이"(렘 2:13)에 비유하면서 눈물로 만류하였으나 아무도 그의 말을 듣지 않고 오히려 반역자로 몰아 감옥에 가두어 버렸다.

시드기야의 대항에 분노한 느부갓네살은 군대를 이끌고 주전 588년부터 예루살렘을 포위해 공격하였으며, 시드기야는 더 이상 버티지 못하고 도망을 치다가 여리고에서 붙잡혔다. 느부갓네살은 시드기야의 아들들을 모두 죽이고 시드기야의 두 눈을 뽑아버린 후 포로로 끌고 갔다. 주전 586년 느부갓네살은 예루살렘을 함락하였으며, 솔로몬이 건축한 예루살렘 성전까지 완전히 파괴해 버렸다. 살아남은 사람들은 바빌로니아에 포로로 끌려갔다. 감옥에 갇혀 있던 예레미야는 바벨론 군대에 의해 석방된 후 이집트에서 일생을 마쳤다.

2. 소명체험

예레미야의 뜻은 "여호와가 높이 들어 올렸다"는 뜻이며, 아나돗에서 제사장의 아들로 태어났다. 예레미야는 솔로몬 때 아나돗으로 추방당한 아비아달(왕상 2:26)의 후손이었으나, 자신은 제사장이 아니었다. 예레미야 1장 4-10절에 예레미야가 소명을 받는 내용이 나오는데, 예레미야는 예언자로 부름 받는 것을 주저하였지만, 하나님께서 끝까지 예레미야를 설득하여 예언자로 세우셨다. 이때 하나님께서 사용하신 중요한 네 가지 동사가 있는데, "내가 지었다", "너를 알았다", "너를 구별했다," "너를 세웠다"는 말씀을 통해 예레미야를 설득했다.

예언자로 소명을 받은 예레미야는 세 가지 환상을 보았다.

첫 번째 환상은 하나님께서 말씀을 직접 예레미야의 입에 주셨다(렘 1:4-10).

두 번째 환상은 살구나무 가지의 환상이다(렘 1:11-12). 살구나무는 히브리어로 '샤케드(שָׁקֵד)'인데, '아몬드 나무(Almond tree)'이다. 한국어 성경에 나오는 '살구나무'는 '아몬드나무'를 말한다. '지킨다'는 뜻의 '쇼케드(שֹׁקֵד)'와 같은 글자로 되어 있다. 이는 예언서에서 흔히 볼 수 있는 언어유희(wordplay)로 "네가 본 샤케드(살구나무)를 쇼케드(지킨다)"라는 뜻이다. 네가 본 것을 내가 지킨다. 즉 네가 보고 예언한 것을 내가 지키겠다는 보증으로써의 확답이다.

세 번째 환상은 부글부글 끓는 솥 가마(렘 1:13-16)로 날로 강성해지고 있는 신흥 바빌로니아 제국을 의미한다. 이 환상을 통해 예레미야 예언자는 아시리아 제국은 멸망하고 바빌로니아 제국이 새로이 패권을 차지하는 국제정세를 정확하게 꿰뚫어 보았다.

예레미야는 이사야보다 1백여 년 뒤에 등장했으며, 그의 예언에는 미가의 영향을 받은 것이 보인다. 예레미야는 초기에 이스라엘 종교의 이교화 방지에 노력하면서, 요시아의 종교개혁을 지원하였다(렘 4:1-4). 그 후 예레미야는 제사장들에게 구타를 당하고 감금되었으며(렘 20:1이하), 성전 출입이 금지되었다. 예레미야는 자기의 예언을 바룩에게 대필시켰으며, 주전 604년 12월 금식일에 바룩이 그 글을 성전에 모인 백성들과 지도자들 앞에서 낭독함으로써 큰 파문을 일으켰다. 당시 여호야김 왕은 그 두루마리를 칼로 베어 난로 속에 태워버렸다(렘 36:1이하).

예레미야는 주전 586년 바빌로니아에 의해 예루살렘이 함락되고 성전이 파괴되기까지 벌어진 온갖 비극적인 상황을 직접 지켜 본 비운의 예언자이다. 예레미야는 "눈물의 예언자"(렘 9:1)로 불릴 만큼 많은 눈물을 흘렸다. 예레미야 9장 1절에, "어찌하면 내 머리는 물이 되고 내 눈은 눈물 근원이 될꼬 죽임을 당한 딸 내 백성을 위하여 주야로 울리로다"는 말씀에서 "내 머리는 물이 되고"를 직역하면, "누가 내 머리에 물을 쏟았는가?"이다. 예레미야는 조국의 멸망과 백성의 비극적 운명을 생각하면 눈물이 마를 날이 없을 정도였다.

너는 이 말로 그들에게 이르라 내 눈이 밤낮으로 그치지 아니하고

눈물을 흘리리니 이는 처녀 딸 내 백성이 큰 파멸, 중한 상처로 말미암아 망함이라(렘 14:17)

이 말씀은 예루살렘을 향해 "울음을 그칠 수 없는 하나님의 눈물"을 보여주는데, 감람산 중턱에서 예루살렘을 보면서 회개하지 않는 예루살렘이 당할 미래를 생각하며 우신 예수의 눈물과 비교할 수 있다.

가까이 오사 성을 보시고 우시며 이르시되 너도 오늘 평화에 관한 일을 알았더라면 좋을 뻔하였거니와 지금 네 눈에 숨겨졌도다(눅 19:41-42)

예수께서 성전에서 나가면서 제자들에게 "네가 이 큰 건물들을 보느냐 돌 하나도 돌 위에 남지 않고 다 무너뜨려지리라"(막 13:2)고 예언한 대로 주후 70년 로마의 티토(Titus) 장군은 유대인의 반란을 진압하면서 예루살렘을 완전히 파괴하고 예루살렘 성전도 완전히 허물어 버리고 말았다. 티토 장군은 나중에 로마제국의 황제가 되었다. 지금도 로마에 있는 티토의 개선문에는 예루살렘 성전을 불태우고 성전 안에 있던 일곱 촛대인 메노라(Menorah)를 포함한 성물을 약탈해 나오는 장면이 부조로 조각되어 있는 것을 볼 수 있다.

3. 내용분석

1) 1장: 서론

예레미야의 소명과 사명 - 예레미야가 예언자로 부름 받는 장면과 그의 사명이 제시된다.

2) 2-25장: 유다와 예루살렘에 대한 심판 예언

a. 2-6장: 요시아 왕 때 이스라엘의 불신앙과 우상숭배에 대한 책망

b. 7-20장: 여호야김 왕 때 거짓 예언자들에 대한 경고. 예레미야의 절망과 호소

c. 21-25장: 시드기야 왕 때 하나님의 심판과 불가피성. 바빌로니아를 통한 임박한 심판

3) 26-35장 열방에 대한 심판

바룩의 기록으로 예레미야가 3인칭으로 되어 있다. 주변 민족들(이집트, 모압, 암몬, 에돔 등)에 대한 심판과 유다의 죄악에 대한 경고로 되어 있다.

4) 36-51장 바빌로니아에 대한 심판과 회복의 약속

예루살렘 포위 당시 활동한 예레미야의 고난과 예루살렘 멸망 후 이집트로 이주할 때까지의 예언 활동을 역사적으로 기록하고 있다. 예레미야가 죽은 후 바룩이 기록한 것으로 이스라엘의 포로 생활이 끝난 후 하나님이 그들을 회복시키겠다는 약

속과 바빌로니아도 결국 하나님의 심판을 받을 것이라는 예언이 담겨있다. 예레미야 46-51장은 독립된 부분으로 이방예언 신탁이다.

5) 52장 예루살렘의 멸망에 대한 기록

예루살렘의 멸망과 유다의 패망, 예루살렘 성전의 파괴 등이 나온다. 예레미야 52장은 열왕기하 24장 18절-25장 30절에서 인용한 역사부록으로 예루살렘의 폐허를 통해 예레미야의 예언이 성취되었음을 보여준다.

Tip 9

예레미야서 본문의 차이와 본문비평(text criticism)

예레미야서 본문을 비교해 보면, 히브리 성경이 70인역 보다 1/7 정도 더 길다. 이 차이에 대한 여러 가지 의견이 있는데, 히브리 성경이 본래 원문이고 70인역이 히브리 성경을 헬라어로 번역하면서 요약한 것인지, 70인역이 참고한 히브리 성경이 본래 원문이고 지금의 히브리 성경은 내용이 확장된 것인지 불분명하다. 내용적으로도 70인역의 구성을 보면, 1-25장 + 45-51장 + 26-44장으로 되어 있어서 70인역이 참고한 히브리 성경이 지금의 히브리 성경과 다른 성경인지에 대한 논의도 있다.

현재 성경의 원본은 없고 사본이나 번역본만 있다. 현존하는 가장 오래된 히브리 성경은 레닌그라드 사본(1008년)과 사마리아 오경(9세기경)이 있으며, 번역본으로는 주전 2-1세기경 번역된 70인역이다. 그 외에 아람어로 된 타르굼(Targum, 주전 2-1세기), 시리아 성경인 페쉬타(Peshita, 1세기경) 등이 있으며, 20세기 초 사해의 쿰란 동굴에서 발견된 이사야 두루마리, 사무엘서, 시편 등 단편들이 있는데, 주전 2세기-주후 1세기경의 것으로 추정하고 있다.

여러 성경과 번역본들을 서로 비교하여 어느 것이 원문에 가장 가까운 본문인지 찾아내는 해석학적 방법론을 본문비평(text criticism)이라고 한다.

4. 주요 메시지

1) 제의전승

예레미야는 계약전승에 기초하여 므낫세 및 요시아 왕 초기에 번성했던 이스라엘 종교의 이교화 경향을 비판한다. 예레미야는 종교에 대한 맹목적인 신뢰를 공격하면서 호세아 예언자와 같이 광야시대를 이상화한다.

> 가서 예루살렘의 귀에 외칠지니라. 여호와께서 이와 같이 말씀하시기를 내가 너를 위하여 네 청년 때의 인애와 네 신혼 때의 사랑을 기억하노니 곧 씨 뿌리지 못하는 땅, 그 광야에서 나를 따랐음이니라 (렘 2:2; 호 2:14-15 참고)

예레미야는 성전에 대한 맹목적인 신뢰에 대해서도 공격한다. 예레미야 당시 예루살렘의 지도자들은 히스기야 왕 때 아시리아 왕 산헤립의 침략에 예루살렘이 보존된 것처럼 바빌로니아의 공격에도 예루살렘은 결코 함락되지 않을 것이라고 믿었다. 그러나 예레미야는 토기장이 비유(렘 18:1-6)에서 하나님은 토기장이처럼 이스라엘을 창조하시고 다듬으셨지만, 토기장이가 마음에 들지 않는 그릇을 부수고 다시 새로 만드는 것처럼, 하나님은 이스라엘이 잘못된 길로 갈 때에는 그들을 심판하신다는 것을 보여준다. 예레미야는 예루살렘 주민들이 악에서 돌이킬 것을 강력하게 요구한다.

2) 새 계약

왕국시대 이스라엘의 신앙은 제의 중심의 집단신앙이다. 예레미야 예언자는 제의 중심의 집단신앙을 개인적 결단에 의한 신앙으로 발전시킴으로써 외적이고 형식적인 신앙에서 내적이고 인격적인 신앙으로 승화시켰다.

> 여호와의 말씀이니라. 보라 날이 이르리니 내가 이스라엘 집과 유다 집에 새 언약을 맺으리라 이 언약은 내가 그들의 조상들의 손을 잡고 애굽 땅에서 인도하여 내던 날에 맺은 것과 같지 아니할 것은 내가 그들의 남편이 되었어도 그들이 내 언약을 깨뜨렸음이라 여호와의 말씀이니라. 그러나 그 날 후에 내가 이스라엘 집과 맺을 언약은 이러하니 곧 내가 나의 법을 그들의 속에 두며 그들의 마음에 기록하여 나는 그들의 하나님이 되고 그들은 내 백성이 될 것이라 여호와의 말씀이니라(렘 31:31-33)

예레미야가 말한 새 언약이란 말에서 '신약(New Testament)'이라는 표현이 나왔다. 새 언약은 개개인의 마음에 새기는 것으로 예수께서 선포하신 말씀과 일맥상통한다. 구원은 유대인이나 헬라인이나 어떤 특정 집단이나 민족에 따라 구원받는 것이 아니라, 누구든지 주님을 믿으면 구원을 받는다. 구원은 철저하게 개인적인 것이다.

예레미야 5장 1절에 "너희는 예루살렘 거리로 빨리 다니며 그 넓은 거리에서 찾아보고 알라 너희가 만일 정의를 행하며 진리를 구하는 자를 한 사람이라도 찾으면 내가 이 성읍을 용서하리라"는 말씀을 소돔과 고모라는 의인 열 명이 없어서 망했는데, 예루살렘은 의인 한 사람이 없어서 망했다는 뜻으로 이해하는 경향이 있다. 그러나 여기서 "한 사람"은 구원은 제의 중심의 집단 신앙이 아니라, 정의를 행하고 진리를 구하는 한 사람 한 사람의 인격적인 결단에 달려 있다는 것을 보여준다.

3) 거짓 예언자와 참 예언자(렘 28장)

예언자 하나냐가 백성들 앞에서 "만군의 여호와 이스라엘의 하나님이 이같이 일러 말씀하시기를 내가 바벨론의 왕의 멍에를 꺾었느니라. 내가 바벨론의 왕 느부갓네살이 이 곳에서 빼앗아 바벨론으로 옮겨 간 여호와의 성전 모든 기구를 이 년 안에 다시 이 곳으로 되돌려 오리라"(렘 28:2-3)라고 예언하자 예레미야는 하나냐가 예언한 대로 이루어지기를 나도 원하지만(렘 28:6), 하나냐가 말한 예루살렘의 조속한 회복과 평화는 거짓 예언이며 참 예언은 그 말이 실현된 다음에서야 진실임이 밝혀진다고 선포한다.

> 평화를 예언하는 선지자는 그 예언자의 말이 응한 후에야 그가 진실로 여호와께서 보내신 선지자로 인정받게 되리라(렘 28:9)

주전 597년 끌려간 바벨론 포로들이 2년 안에 돌아올 것이라고 한 하나냐의 예언은 거짓이라고 비판하면서 오히려 예루살렘에 더 큰 하나님의 심판이 닥쳐올 것을 경고하였다. 예레미야의 예언대로 주전 586년 바빌로니아에 의해 예루살렘은 함락되고 성전이 파괴되는 비극을 겪게 되었다. 예레미야의 예언은 이미 미가가 거짓 평화를 예언하는 예언자를 비판하면서 "이러므로 너희로 말미암아 시온은 갈아엎은 밭이 되고 예루살렘은 무더기가 되고 성전의 산은 수풀의 높은 곳이 되리라"(미 3:12)고 하였던 것과 같은 맥락이다. 잘못된 믿음과 거짓된 예언에 현혹되지 않고 하나님의 말씀에 순종하여 길과 행실을 바르게 하는 것이 진정으로 구원받는 길이다.

하나냐의 예언은 잘못된 믿음으로 백성들의 귀를 솔깃하게 현혹시킬 수 있었을지 모르지만, 하나님의 말씀에 순종하여 길과 행실을 바르게 하는 것이 진정으로 구원받는 길임을 깨닫지 못하게 했다. 하나님은 하나냐에게 "내가 너를 보내지도 않았고, 너는 백성들로 하여금 거짓을 믿게 만들었다"(렘 28:14-15)고 책망하였으며, 거짓 예언을 한 하나냐는 그 해에 죽으리라는 하나님의 경고대로 죽었다(렘 28:16-17; 신 18:20 참고).

예레미야서는 마지막 52장에서 유다 왕국의 멸망과 예루살렘 성전의 파괴와 관련한 열왕기하 24장 18절-25장 30절에 있는 역사기록을 그대로 인용함으로써 예레미야가 전한 하나님의 말씀이 진실이요 참된 예언이었음을 증명하고 있다.

4) 남은 자 사상

이스라엘 예언자들의 메시지에서 중요한 것 중 하나는 남은 자 사상이다. 남은 자 사상은 하나님께서 이스라엘의 죄로 인해 심판을 내리시지만 완전히 멸망치 않으시고 남은 자를 두셔서 그들을 통해 다시 새로운 회복의 역사를 일으키신다는 구원의 메시지이다. 그럼 남은 자는 누구를 말하는가?

예레미야는 무화과 비유(24:3-5)를 통해 남은 자는 예루살렘에 있는 사람이 아니라 바빌로니아에 포로로 끌려간 사람들이라고 하였다. 주전 597년 바빌로니아가 예루살렘을 침공했을 당시 예루살렘에 남아 있던 사람들은 바빌로니아에 포로로 끌려간 사람이 하나님께 벌 받은 것이라고 생각하였다. 그러나 예레미야 예언자는 포로로 끌려간 사람이 선한 무화과이고 예루살렘에 남은 사람은 썩은 무화과라고 하였다. 예레미야는 바빌로니아에 포로로 끌려간 백성들에게 격려와 위로의 편지를 보냈다.

> 너희는 집을 짓고 거기에 살며 텃밭을 만들고 그 열매를 먹으라 아내를 맞이하여 자녀를 낳으며 너희 아들이 아내를 맞이하며 너희 딸이 남편을 맞아 그들로 자녀를 낳게 하여 너희가 거기에서 번성하고 줄어들지 아니하게 하라 너희는 내가 사로잡혀 가게 한 그 성읍의 평안을 구하고 그를 위하여 여호와께 기도하라 이는 그 성읍이 평안함으로 너희도 평안할 것임이라(렘 29:5-7)

5) 메시아 기대

예레미야 선지자는 주로 이스라엘의 죄악과 임박한 바벨론 포로 생활에 대한 경고를 전했지만, 동시에 포로 귀환에 대한 소망과 미래의 구원, 특히 메시아에 대한 기대를 포함한 희망적인 메시지도 선포했다. 예레미야는 23장 4-6절에서 이사야가 말한 남은 자를 바빌로니아에 끌려간 포로민들로 보았다. 예레미야는 이스라엘 백성이 바빌로니아에 포로로 끌려간 것이 하나님의 심판이지만, 하나님은 바빌로니아에서 70년이 지나면 이스라엘을 다시 본토로 돌아오게 하실 것이라고 한다(렘 29:10-14).

예레미야는 이스라엘 백성들의 귀환에 관해 여러 번 예언하고 있다.

> 나 여호와가 말하노라 너의 최후에 소망이 있을 것이라 너의 자녀가 자기들의 경내로 돌아오리라(렘 31:17)
>
> 이스라엘의 다시 그 목장으로 돌아오게 하리니 그가 갈렘과 바산에서 먹을 것이며 그 마음이 에브라임과 길르앗 산에서 만족하리라(렘 50:19)

예레미야는 다윗의 왕조를 통해 오게 될 메시아에 대한 예언을 통해 이스라엘의 구원을 약속한다. 예레미야 23장 5-6절에서 "한 의로운 가지"로 표현된 메시아가 나타나 정의와 공의를 행하는 왕으로 다윗의 보좌를 회복할 것이며, 이스라엘과 유다를 구원하고, 백성들이 평안히 살도록 인도할 것이다. 예레미야 33장 14-17절에서도 다윗의 왕조가 끊어지지 않을 것이며, 제사장 직분도 영원히 지속될 것이라는 약속이 주어지는데, 이 약속은 예수 그리스도에 의해 성취되었다.

에스겔

1. 역사적 배경

에스겔은 제사장 부시의 아들(겔 1:3)로 바벨론 포로기에 활동했던 예언자였다. 바빌로니아 제국의 느부갓네살 왕이 유다 왕국을 침공하여 예루살렘을 점령한 후 주전 597년 여호야긴 왕을 포함한 왕족과 숙련된 장인들, 그리고 귀족들을 포함한 많은 사람이 바빌로니아에 포로로 끌려갔다(왕하 24:10-16; 바빌로니아 연대기). 이때 에스겔도 함께 끌려가서 바빌로니아의 그발강 가에서 살았다. 그발강은 바빌로니아의 관개용 운하로, 유다에서 유배된 에스겔을 포함한 많은 유대인이 정착한 장소였다. 바빌로니아는 포로로 끌고 간 여호야긴을 대신하여 시드기야를 유다의 왕으로 세웠지만, 시드기야가 이집트를 믿고 반 바빌로니아 정책을 쓰자 느부갓네살은 유다를 재침공하여 예루살렘을 포위하였으며, 그 결과 주전 586년 예루살렘이 함락되고 성전이 파괴되면서 유다 왕국은 멸망하고 많은 사람이 바빌로니아에 포로로 끌려갔다.

유다 왕국이 멸망하기 10년 전에 바빌로니아에 포로로 끌려왔던 에스겔은 그발강 가에 정착하면서 개인 소유의 가옥도 있었다(겔 3:24; 8:1). 전통적으로 에스겔은 바빌로니아에서 그발강 근처의 텔아비브에 거주하면서 예언한 것으로 여겨진다. 그러나 일부 학자는 에스겔의 환상과 메시지가 바빌로니아라는 상징적 배경을 통해 신학적 의미를 강조하려 했을 가능성을 제기하기도 한다.

2. 소명체험

에스겔은 "하나님이 강하게 하다"라는 뜻이다. 에스겔은 바빌로니아에 포로로 끌려 온 지 5년째 되는 해(겔 1:2)인 주전 593년에 예언자로 부름을 받아 주전 571년까지 대략 20년 동안 활동하였다. 에스겔이 예언자로 부름을 받았을 때 나이가 30세였다. 구약시대에 제사장은 일반적으로 30세에 제사장으로 서품을 받고 예루살렘 성전에서 직무를 시작하였다고 한다. 성경에서 30은 사역의 나이를 상징한다. 요셉이 이집트의 총리가 된 것도 30세(창 41:46), 다윗이 헤브론에서 왕위에 오른 것도 30세(삼하 5:4), 예수께서 공생애를 시작한 것도 30세였다(눅 3:23).

에스겔은 예루살렘 성전에서 제사장이 되기 위한 훈련을 받다가 25세에 바빌로니아에 포로로 끌려왔으며, 만약 유배되지 않고 예루살렘에 그대로 있었다면 제사장으로 서품을 받았을 때인 30세에 바빌로니아에서 예언자로 부름을 받았다. 에스겔이 예언자로 부름을 받고 난 5년 뒤인 주전 586년에 바빌로니아에 의해 예루살렘은 다시 함락되고 성전은 파괴되었다. 그리고 많은 사람이 포로로 끌려왔다. 그래서 에스겔의 예언은 예루살렘 성전이 파괴되기 이전과 이후로 나누어진다.

에스겔의 예언에는 "두루마리 책을 먹어 창자에 채우고"(겔

3:1-3), "손뼉 치며 발 구르고"(겔 6:11), "떨며 식사하고"(겔 12:18-20), 환상을 보는 등 신비주의적인 요소가 많이 있으며, 비유적인 묘사(겔 16장; 17장; 23장)나 그림을 그리듯 생생한 은유(겔 15:2이하; 19장; 29:3이하 등)들도 많이 있다. 이와 같은 에스겔의 생생하고 기이한 환상과 극단적 행동은 심리학적 관점에서도 논의되어 왔다. 일부 심리학자들은 에스겔의 행동이 정신 질환의 징후(예: 환각, 과대망상, 비정상적 행동)일 가능성을 제기한다. 그러나 이는 고대 근동의 예언자적 역할과 포로 생활의 상처(trauma)에 대한 반응으로도 해석될 수 있다.

Tip 10

에스겔서 연대기

에스겔서에는 다른 예언서에서 보기 어려운 연대기적 기록이 나온다. 에스겔은 여호야긴 왕의 포로 시기를 기준으로 많은 환상의 날짜를 정확히 명시하고 있다. 이 날짜는 에스겔의 예언을 바빌로니아 포로 시기의 역사적 맥락에 맞추어 살펴볼 수 있도록 하는데, 역사적 사건과 잘 일치하며, 에스겔이 묘사하는 바빌로니아의 관습, 도시, 통치자와 같은 세부 사항은 주전 6세기의 맥락에 부합한다.

1. 에스겔의 소명과 첫 환상 (주전 593년)

서른째 해 넷째 달 초닷새에 내가 그발 강 가 사로잡힌 자 중에 있을 때에 하늘이 열리며 하나님의 모습이 내게 보이니 여호야긴 왕이 사로잡힌 지 오 년 그 달 초닷새라(겔 1:1-2)

"30년 4월 5일"이라는 표현은 여호야긴 왕의 포로 5년째(주전 593년)를 가리키는 것이다. 이때 에스겔은 그발강 가에 있는 포로민 정착촌에서 예언자로 부름을 받았다.

2. 예루살렘 포위에 대한 예언 (주전 592년)

여섯째 해 여섯째 달 초닷새에 나는 집에 앉았고 유다의 장로들은 내 앞에 앉아 있는데 주 여호와의 권능이 거기에서 내게 내리기로(겔 8:1)

"6년 6월 5일"은 주전 592년에 해당한다. 에스겔은 예루살렘 성전에서의 우상숭배와 심판의 환상을 보았다.

3. 예루살렘 멸망에 대한 예언 (주전 591년)

일곱째 해 다섯째 달 열째 날에 이스라엘 장로 여러 사람이 여호와께 물으려고 와서 내 앞에 앉으니(겔 20:1)

"7년 5월 10일"은 주전 591년에 해당한다. 이스라엘 장로들이 에스겔을 찾아오고, 그는 심판과 이스라엘의 반역 역사를 상기시키는 메시지를 전하였다.

4. 칼의 비유 (주전 588년)

아홉째 해 열째 달 열째 날에 여호와의 말씀이 내게 임하여 이르시되 인자야 너는 날짜 곧 오늘의 이름을 기록하라 바벨론 왕이 오늘 예루살렘에 가까이 왔느니라(겔 24:1-2)

"9년 10월 10일"은 주전 588년 1월 15일에 해당한다. 이것은 바빌로니아의 느부갓네살 왕이 예루살렘을 포위한 날이다.

5. 예루살렘의 함락 (주전 585년)

우리가 사로잡힌 지 열두째 해 열째 달 다섯째 날에 예루살렘에서부터 도망하여 온 자가 내게 나아와 말하기를 그 성이 함락되었다 하였는데(겔 33:21)

"우리의 포로 12년 10월 5일"은 주전 585년 1월에 해당하며, 예루살렘이 함락된 지 1년 후로 바빌로니아에 있는 에스겔에게 예루살렘 멸망의 소식을 전하는 사자가 도착하였다.

6. 새 성전에 대한 환상 (주전 573년)

우리가 사로잡힌 지 스물다섯째 해, 성이 함락된 후 열넷째 해 첫째 달 열째 날에 곧 그 날에 여호와의 권능이 내게 임하여 나를 데리고 이스라엘 땅으로 가시되(겔 40:1)

"우리의 포로 25년 새해 첫 달 10일"은 주전 573년 4월 28일에 해당한다. 에스겔은 미래 성전에 대한 상세한 환상을 받고, 이는 희망과 회복의 전환점을 나타낸다.

3. 내용분석

에스겔의 예언은 두 가지 주요 부분으로 나눌 수 있다. 첫 번째는 예루살렘이 멸망하기 전 이스라엘에 대한 심판의 예언(겔 1-24장)이며, 두 번째는 예루살렘 성전 파괴 이후 포로 생활을 하는 백성들에게 주어진 회복과 희망의 예언(겔 33-48장)이다. 이 두 부분 사이에는 이방 민족들에 대한 심판의 말씀(겔 25-32장)이 있다.

1) 1-24장: 심판선언

에스겔이 예언자로 소명을 받은 주전 593년부터 예루살렘이 함락되고 성전이 파괴된 해인 주전 586년 사이로 예언의 초점은 예루살렘 백성들의 착각을 일깨워 주면서 파멸에 대한 경고와 함께 회개를 촉구하고 있다.

a. 1-3장: 에스겔의 소명과 환상(vision)

b. 4-7장: 상징적 행동과 심판

390+40 = 하나님께 범죄 한 이스라엘과 유다 왕들의 통치 햇수

= 433-3 (르호보암의 의로운 행위, 대하 11:17)

c. 8-11장: 하나님의 영광이 성전을 떠남

d. 12-24장: 마지막 경고들

12장: 임박한 심판을 상징적으로 보여줌

13-14장: 거짓 선지자와 우상숭배에 대한 심판

15장: 불에 탄 포도나무 비유

16장: 예루살렘이 어렸을 때의 은혜를 저버렸다.

17장: 두 독수리와 포도나무 비유

18장: 개인의 책임 강조. 조상들의 죄 때문에 자손이 심판받는 것이 아니라 각자 자신의 죄로 심판받는다. 하나님은 죄인이 회개하여 사는 것을 기뻐하신다(겔 18:23. 32)

19장: 젊은 사자와 포도나무 비유

20장: 안식일에 대한 강력한 강조

21-22장: 바빌로니아를 예루살렘의 죄악을 심판할 도구로 사용함

23장: 두 음란한 자매 오홀라와 오홀리바의 비유

24장: 예루살렘의 파멸과 에스겔 아내의 죽음

2) 25-32장: 이방예언신탁

암몬, 모압, 에돔, 블레셋, 두로, 시돈, 이집트 등 주변 이방 민족에 대한 심판 예언으로 하나님의 공의가 이스라엘뿐만 아니라 온 세상을 대상으로 한다는 것을 보여준다.

3) 33-48장: 이스라엘의 회복과 영광

a. 33-39장: 회복의 도래, 새 계약, 백성들의 부활, 마곡신의 멸망

33장: 파수꾼의 사명(1-9절; 요 8:24 참고)

37장: 마른 뼈들에 대한 환상(1-14절)과 두 막대기의 환상 (이스라엘의 통일, 15-28절)

38-39장: 곡과 마곡의 전쟁

b. 40-48장: 새 성전, 새 성읍, 새 땅의 모든 조직과 기구에 대한 환상

40-43장: 새 성전에 대한 환상

43장: 하나님의 영광이 다시 돌아와 성전에 머물게 됨

44-46장: 성전 제사와 예배 규례에 대한 설명

47장: 회복과 축복 - 성전에서 흘러나오는 물(1-12절)과 땅의 분배(13-23절)

48장: 열두지파 열두 문 - 여호와 삼마, "여호와께서 거기 계시다"

에스겔서는 히브리 성경인 마소라 본문(MT)과 70인역이 내용의 차이를 보여준다. 이는 중요한 연구 과제로, 70인역의 에스겔서는 히브리 성경보다 분량이 약 4-5% 정도 짧다. 이에 대해 70인역이 히브리 성경을 축약해서 번역하였거나 아니면 다른 히브리 성경의 본문에 근거했을 것이라는 논쟁을 불러일으키고 있다.

4. 주요 메시지

에스겔 예언자의 메시지는 하나님의 거룩하심이 중심을 이루고 있다. 에스겔은 예루살렘의 멸망 후 그는 심판 예언자에서 '파수꾼'과 '목자'로 불렸으며, 에스겔에게서 제사장과 예언

자의 모습을 동시에 볼 수 있다. 에스겔은 포로기 이전의 예언 운동과 포로기 이후 유대주의를 연결하는 고리 역할을 하고 있어서 유대주의의 조상이라 일컫는다. 에스겔은 제사장 출신으로서 다른 어느 예언자보다 제의와 종교의식을 높이 평가하고 있다(겔 4:14; 22:23이하).

1) 하나님의 거룩함과 초월성

하나님은 거룩한 분이며 세상의 모든 속된 것으로부터 초월해 있는 분이다. 에스겔서의 첫 장면인 빛나는 병거와 하늘 존재들로 둘러싸인 하나님의 보좌 환상은 하나님의 장엄한 거룩함을 보여준다. 폭풍, 불, 찬란한 빛과 같은 생생한 이미지들은 하나님의 초월성과 순결을 상징한다. 에스겔서 10장에서 하나님의 영광이 성전을 떠나는 장면은 예루살렘이 멸망하게 된 것이 하나님의 무능 때문이 아니라 이스라엘의 죄악으로 인해 하나님의 영광이 성전을 떠났기 때문이라는 점을 분명히 한다. 거룩한 예루살렘 성전과 이스라엘의 운명을 좌우하는 것은 바빌로니아 제국이 아니라 하나님이시다.

하나님은 이스라엘뿐만 아니라 모든 민족을 다스리는 분이다. 에스겔 25-32장에 나오는 이방 민족들에 대한 예언신탁은 하나님이 이스라엘뿐만 아니라 모든 왕국의 주권자임을 보여준다. 이방예언신탁에서는 암몬, 모압, 에돔, 블레셋, 두로, 시돈, 이집트 등에 대한 심판을 상세히 묘사하고 있으며, 하나님의 통치가 지정학적 영역을 초월하고 있음을 보여준다. 이방 민족들에 대한 하나님의 심판은 그들이 이방 민족이기 때문이 아니라, 하나님 보시기에 악을 행하고 교만하였기 때문이다.

2) 자비하신 하나님

에스겔은 "하나님이 죄인의 심판을 기뻐하지 않으시며, 죄인이 회개하여 살기를 원하신다"(겔 18:23)는 메시지를 통해 하나님의 은혜와 자비를 강조한다. 하나님의 자비는 그분이 백성에게 돌아오라고 부르시며 용서하실 준비가 되어 있음을 보여준다(겔 33:11). 회복된 성전에 대한 세밀한 환상은 하나님의 자비를 상징하며, 이는 백성이 심각한 반역을 저지른 후에도 그들과 함께 하시겠다는 약속을 나타낸다. 성전은 예배, 관계, 하나님의 임재가 회복됨을 의미한다. 결국 하나님은 다시 그들과 함께하실 것이다(겔 48:35).

에스겔은 이스라엘의 불성실한 목자(지도자)들을 책망하며, 하나님을 양을 찾고 구원하실 참된 목자로 표현한다. 에스겔이 말한 참된 목자의 이미지는 예수께서 "나는 선한 목자라"고 말씀하신 것에서 성취된다(요 10:11-18). 잃은 양의 비유는 흩어진 자들을 돌보시는 하나님의 모습을 반영한다(마 18:12-14; 눅 15:47).

3) 개인의 책임

에스겔은 개인의 책임을 강조한다. 에스겔 18장에서 하나님은 각 사람이 조상의 죄가 아닌 자신의 행동에 따라 심판받는다고 선언한다.

모든 영혼이 다 내게 속한지라 아버지의 영혼이 내게 속함 같이 그의 아들의 영혼도 내게 속하였나니 범죄하는 그 영혼은 죽으리라(겔 18:4)

에스겔은 의로운 사람의 자손이 악을 선택할 수 있고, 반대로 악한 사람의 자손이 의로울 수 있음을 예로 보여주면서 의와 악이 유전되는 것이 아니라 각 개인의 선택과 결단에 달려 있음을 강조한다. 에스겔은 조상들의 죄 때문에 벌을 받는 것이 아니므로, 개인의 회개와 변화를 촉구한다.

에스겔은 11장 19-20절에서 "내가 그들에게 한 마음을 주고 그 속에 새 영을 주며 그 몸에서 돌 같은 마음을 제거하고 살처럼 부드러운 마음을 주어 내 율례를 따르며 내 규례를 지켜 행하게 하리니 그들은 내 백성이 되고 나는 그들의 하나님이 되리라"는 말씀을 통해 백성의 돌 같은 마음을 살과 같은 마음으로 대체하여 새 마음과 새 영을 약속한다.

너희는 너희가 범한 모든 죄악을 버리고 마음과 영을 새롭게 할지어다 이스라엘 족속아 너희가 어찌하여 죽고자 하느냐(겔 18:31)

이와 같은 에스겔의 영적 갱신은 예수께서 "물과 성령으로 나지 아니하면 하나님의 나라에 들어갈 수 없느니라"(요 3:5)고 하신 말씀에 반영되어 있다. 에스겔의 내적 변화에 대한 개념은 사도 바울이 믿는 자들을 "새로운 피조물"(고후 5:17)로 묘사한 것에서도 볼 수 있다.

에스겔은 33장 7-20절에서 파수꾼의 역할을 통해 개인의 책임을 다시 한 번 강조한다. 에스겔은 파수꾼으로서 다가오는 심판을 경고해야 하지만, 각 사람은 경고에 대한 자신의 반응에 책임을 져야 한다.

4) 새 성전에 대한 비전(겔 40-48장)

a. 새 성전의 구조와 치수(겔 40-42장)

에스겔은 측량 막대를 가진 천상 존재(아마도 천사)의 안내를 받아 웅장한 성전을 둘러본다. 에스겔은 성문, 뜰, 방, 제단 등 건축 요소에 대한 상세한 치수를 제공한다. 특히 외곽 뜰은 한 변이 500규빗의 벽으로 둘러싸인 정방형으로 되어 있다. 1규빗은 길이의 단위로 어른의 팔꿈치에서 손끝까지의 길이를 말한다. 대략 45cm 정도 된다. 성전의 외곽 뜰을 둘러 싼 벽에는 북쪽, 동쪽, 남쪽에 각각 동일한 구조의 성문이 있다. 내부 뜰은 높은 곳에 위치하며, 외곽 뜰에서 올라가기 위한 계단이 있다. 내부 뜰 중앙에는 희생제물을 드리는 제단이 있다. 성전 건물의 측면은 세 층으로 되어 있는데, 각 층에 여러 개의 방이 있으며, 저장 공간이나 제사장들의 활동을 위한 용도로 사용된다. 제사장을 위한 별도의 방은 내부 뜰 근처에 위치한다. 성전은 전체적으로 외곽 벽으로 둘러싸여 있다.

b. 하나님의 영광의 귀환과 예배의 회복(겔 43-46장)

예루살렘이 함락되기 전 여호와의 영광이 성전을 떠났다(겔 10장). 바벨론 군대에 의해 예루살렘 성전이 파괴된 것은 이스라엘의 죄로 인해 여호와의 영광이 떠났기 때문이다. 에스겔은 이스라엘 하나님의 영광이 동쪽 문으로 성전에 들어오는 환상을 보게 된다. 이는 하나님께서 이스라엘과 다시 함께 하실 것을 보여준다. 그리고 제사장들과 레위인의 역할, 제사의 종류 등이 구체적으로 규정되면서 성전 제의와 예배가 회복되고 하나님을 중심으로 새로운 삶의 질서가 이루어진다(겔 44-46장).

c. 생명수와 이스라엘의 회복(겔 47장)

성전의 동쪽 문에서 흘러나온 물이 남쪽 제단을 거쳐 흘러내리는데, 물이 발목에서 무릎과 허리에 차오르더니 능히 건너지 못할 만큼 강을 이루어 바다에 이르렀다. 그 강물이 이르는 곳마다 생물이 살아나고 강가의 과실나무는 달마다 새 열매를 맺고 그 잎사귀는 약 재료가 되는 생명의 역사가 나타났다(겔 47:1-12). 예루살렘 성전의 문은 동쪽으로 나 있다. 성전의 동쪽 문에서 흘러나온 물은 하나님의 은혜의 물이다. 이 물이 남쪽 제단을 거쳐 흘러내리는데, 남쪽 제단은 성전 뜰에 있는 번제단이다. 번제단은 희생제물의 속죄피가 묻어 있다. 제단을 거친 물은 희생제물의 속죄피를 머금은 물이다. 에스겔의 환상은 성전에서 속죄피를 머금고 흘러나온 은혜의 물이 나아가는 곳마다 죽었던 생명이 소생하고 과실나무는 풍성한 열매를, 그 잎사귀는 약재료로 쓰이는 놀라운 구원의 역사가 나타나는 비전을 보여준다.

하나님은 이스라엘의 땅이 회복되어 지파별로 다시 땅을 차지하도록 하며 이스라엘 가운데 거하는 외국인들도 본토에서 이스라엘 족속 같이 여기고 함께 기업을 얻도록 하라고 하심으로써(겔 47:13-23) 하나님의 축복이 이스라엘뿐만 아니라 이방인들에게까지 임하게 된다. 이것은 하나님이 이스라엘의 조상 아브라함에게 하신 "땅의 모든 민족이 너로 말미암아 복을 얻을 것이라"(창 12:3)는 약속이 이루어진다는 것을 보여준다.

5) 여호와 삼마(겔 48:35)

에스겔은 하나님의 임재를 상징하는 새 성전을 환상으로 보았다. 에스겔은 "그 날 후로는 그 성읍의 이름을 여호와삼마라 하리라"(겔 48:35)는 말씀으로 예언을 끝맺는다. "여호와 삼마"는 "여호와께서 거기 계시다"(The Lord is there)라는 뜻으로 하나님의 임재와 동행을 상징한다. "여호와 삼마"는 이스라엘의 회복과 하나님과의 관계 회복을 약속하면서 하나님이 그들과 영원히 함께하신다는 약속이다. 이스라엘이 하나님의 성전을 더럽히고 우상을 숭배함으로 인해 하나님의 영광이 떠났지만(겔 10장), 새 성전과 새 성읍에서는 하나님의 영광이 다시 임하며, 하나님의 임재가 영원히 지속될 것을 의미한다.

"여호와 삼마"는 종말론적 시각에서 새 하늘과 새 땅을 예고한다. 에스겔이 본 새 예루살렘 성의 비전은 요한계시록 21장에서 완성된다. 요한계시록은 21:3에서 "하나님의 장막이 사람들과 함께 있으매 하나님이 그들과 함께 거하시리니"라는 말씀을 통해 하나님의 임재를 다시 한 번 강조한다. 요한계시록은 여기서 더 나아가 새 예루살렘 성에는 하나님과 어린양이 친히 성전이 되시므로 별도의 성전이 필요 없음을 선언한다. 이는

"여호와 삼마"에 대한 에스겔의 비전을 완벽히 구현한 것이다.

> 성 안에서 내가 성전을 보지 못하였으니 이는 주 하나님 곧 전능하신 이와 및 어린 양이 그 성전이심이라 그 성은 해나 달의 비침이 쓸 데 없으니 이는 하나님의 영광이 비치고 어린 양이 그 등불이 되심이라(계 21:22-23).

12소(小)예언서 (Book of the Twelve)

12소예언서는 "열두 예언서(Book of the Twelve)"라고도 하는데, 한 두루마리로 묶인 짧은 예언서들이다. 각 예언서의 순서는 호세아, 요엘, 아모스, 오바댜, 요나, 미가, 나훔, 하박국, 스바냐, 학개, 스가랴, 말라기로 되어 있다. 이 순서는 70인역의 순서와 일치하며, 꼭 연대순으로 되어 있는 것은 아니다.

호세아

1. 역사적 배경

12소예언서 중 첫 번째로 등장하는 호세아는 북이스라엘 왕국에서 활동한 예언자였다. 호세아 예언자는 북이스라엘 예후 왕조의 말기인 여로보암 2세(주전 786-746년)부터 시작해서 스가랴(주전 746년, 6개월 통치) 시대에까지 이르는 약 30년 동안 활동하였다.

다윗-솔로몬 시대에 통일왕국을 이루었던 이스라엘은 솔로몬이 죽은 후 북이스라엘과 남유다로 분열되었다. 북이스라엘을 세운 여로보암 1세가 20년을 통치한 후 혼란을 거듭하였다. 오므리가 왕 위에 올라 사마리아를 수도로 삼으면서 북이스라엘은 정치적인 안정을 이루게 되었으며, 아합 왕 때 군사적으로나 경제적으로 부강한 나라가 되었다. 이때를 오므리 왕조라고 하는데, 이때 활동했던 예언자가 엘리야와 엘리사이다. 그 후 오므리 왕조를 무너트린 예후가 왕위에 오르면서 예후 왕조가 시작된다. 여로보암 2세 때 북이스라엘은 다시 한 번 강력한 왕권을 확립하고 영토를 확장하면서 예후 왕조의 황금기를 이루게 된다. 이때 활동했던 예언자가 아모스와 호세아이다.

호세아는 브에리(샘의 원천)의 아들로 그 이름은 '구원자'라는 뜻이다. 여호수아나 요시아와 같은 뜻이며, 신약성경의 예수도 같은 뜻이다. 호세아의 본래 직업이 무엇인지는 성경에 직접적인 언급이 없다. 학자들은 호세아가 농부나 가축 사육자였거나, 아니면 제사장, 집단 예언자 중 한 사람, 혹은 교육받은 관리였다는 등의 여러 가지 의견을 제시하고 있다.

호세아서 1장과 3장은 호세아의 결혼 생활과 자녀들에 대해 언급한다. 호세아 1장에 나오는 '이스르엘', '로루하마', '로암미' 등 세 자녀의 이름을 통해서 호세아는 하나님의 심판의 메시지를 전한다. '이스르엘'은 아합이 통치할 당시 제2의 궁전이 있던 곳으로, 나봇이 조상의 기업을 빼앗기고 억울하게 죽은 장소이면서 오므리 왕조를 무너뜨린 예후가 아합의 왕비 이세벨을 죽인 심판의 장소이고, 오므리 집안의 남은 자들을 다 학살한 살육의 장소이다(왕하 10장). 호세아는 자녀의 이름인 '이스르엘'을 통해 호세아 당시의 이스라엘이 그와 같다는 심판의 메시지를 전하고 있다. '로루하마(לֹא רֻחָמָה)'는 '로(לֹא, 아니다)'와 '루하마(רֻחָמָה, 긍휼)'라는 두 단어가 결합된 것으로 "긍휼하심이 없다"는 뜻이다. '로루하마'는 이스라엘 백성이 더 이상 하나님의 긍휼을 받을 수 없게 되었다는 심판의 메시지이다. '로암미(לֹא עַמִּי)'는 '로(לֹא, 아니다)'와 '암미(עַמִּי, 나의 백성)'가 결합된 것으로 "이스라엘은 나의 백성이 아니다"라는 뜻이다.

호세아는 디블라임의 딸 고멜을 아내로 맞이하는데, 호세아를 버리고 다른 남자에게 간 음녀로 나온다. 호세아는 그런 고멜을 값을 주고 다시 데려온다. 3장에 나오는 호세아의 결혼은 1장의 연속선상에서 이해해야 한다. 호세아는 자신의 결혼생활을 통해 하나님을 버리고 이방 신들을 섬기는 당시 이스라엘 백성들의 모습을 고발하면서, 하나님은 그들이 돌이켜 다시 돌아오기를 원하신다는 것을 보여준다.

결혼에의 부부관계와 하나님을 아는 지식에는 공통점이 있다. 히브리어에서 '안다'는 것은 관계성을 의미한다. "하나님을 안다"는 말은 하나님에 대한 객관적 지식이나 정보를 의미하는 것이 아니라, 하나님과의 밀접한 관계성을 의미한다. 그런 의미에서 호세아는 하나님과의 신뢰를 저버리고 이방신을 숭배하는 것을 영적인 음행으로 보았다.

> 내 백성이 지식이 없으므로 망하는도다 네가 지식을 버렸으니 나도 너를 버려 내 제사장이 되지 못하게 할 것이요 네가 네 하나님의 율법을 잊었으니 나도 네 자녀들을 잊어버리리라(호 4:6)

여기서 호세아는 이스라엘 백성들과 제사장들이 하나님에 대한 객관적인 지식이 없음을 비판한 것이 아니다. 당시 이스라엘 백성들이나 제사장들은 하나님이 조상들에게 행한 출애굽 구원의 사건을 잘 알고 있었으며, 하나님에 대한 제사도 풍성하게 드렸다. 그럼에도 불구하고 호세아가 그들의 지식 없음을 비판한 것은 그들이 하나님의 말씀에 순종하거나 따르지 않고, 다른 신들을 섬기며 숭배하면서 온갖 악을 행하였기 때문이다.

Tip 11

하나님을 아는 지식

구약성경에서 '안다'는 것은 관계성을 말한다. "나는 하나님을 안다"라고 말할 때 단순히 하나님은 이스라엘이 믿는 신적 존재라는 객관적 인식을 의미하는 것이 아니라, 하나님과의 밀접한 관계성을 의미한다. 호세아서 4장 6절에, "내 백성이 지식이 없으므로 망하는도다"에서 지식(knowledge)은 히브리어로 '다아트(דַּעַת)'인데, 어원은 '야다(יָדַע)'이다. '야다'라는 동사는 '안다'는 뜻도 있고, '동침한다'는 뜻도 있다. 창세기 4장 1절에, "아담이 하와와 동침하매"에서 '동침하다'는 말의 히브리어는 '야다'이다. '안다'는 것은 부부관계처럼 밀접한 관계성을 의미한다. 하나님을 안다는 것은 하나님과의 밀접한 관계성을 의미한다.

호세아는 이스라엘을 가리켜 '에브라임'이라는 호칭을 즐겨 사용하고 있다. 에브라임은 북이스라엘 12지파 중 하나로 북이스라엘의 중심부에 위치하고 있다. 북이스라엘 왕국의 수도였던 사마리아도 에브라임 지파의 영역에 있었다. 에브라임 지파는 요셉이 이집트에서 낳고, 야곱에 의해 장자 축복을 받은 아들인 에브라임의 후손으로 여호수아와 드보라 등 많은 인물이 배출되었다. 그러나 에브라임 지파의 여로보암은 북이스라엘 왕국을 세운 후 금송아지를 만들어 우상숭배를 하도록 함으로써 불순종과 배교의 상징이 되었다.

호세아는 에브라임을 북이스라엘의 대표로 사용하여, 그들의 우상숭배와 하나님과의 언약을 저버린 행위를 꾸짖고 있다. 에브라임이라는 이름은 단순히 특정 지파를 의미하는 것이 아니라, 북이스라엘의 죄와 타락을 총체적으로 상징하는 도구로 쓰였다. 따라서 호세아서에서 '에브라임'은 북이스라엘 전체를 상징적으로 표현하며, 그들의 죄와 심판, 그리고 회복에 대한 하나님의 메시지를 전달하는 데 중요한 역할을 한다. 호세아가 음행한 아내 고멜을 다시 데려오듯 하나님은 우상을 숭배하는 이스라엘을 버리지 않으시고 그들이 다시 돌이켜 돌아와 하나님과의 관계를 회복하기를 원하신다.

에브라임이여 내가 어찌 너를 놓겠느냐 이스라엘이여 내가 어찌 너를 버리겠느냐 내가 어찌 너를 아드마 같이 놓겠느냐 어찌 너를 스보임 같이 두겠느냐 내 마음이 내 속에서 돌이키어 나의 긍휼이 온전히 불붙듯 하도다(호 11:8)

2. 내용분석

호세아서는 총 14장으로 구성되어 있으며, 크게 두 부분으로 나눌 수 있다.

1) 호세아의 결혼과 그 상징성 (호 1-3장)

호세아의 결혼생활과 자녀들이라는 개인적인 삶을 하나님과 이스라엘의 관계를 상징하는 비유로 사용한다. 호세아는 음란한 여인과 결혼하라는 명령을 받는데, 이는 하나님께 불충실한 이스라엘을 상징한다. 호세아의 자녀의 이름은 하나님의 심판과 희망을 반영한다. 호세아는 이스라엘의 우상숭배와 영적 간음을 정죄하면서도 하나님의 회복에 대해 약속한다. 호세아가 고멜을 다시 데려오는 장면은 이스라엘이 불충실함에도 불구하고 하나님이 그들을 회복시키려는 사랑을 보여준다.

2) 예언적 선언: 이스라엘의 죄, 심판, 그리고 회복 (호 4-14장)

이스라엘의 죄, 그 결과, 그리고 하나님의 지속적인 사랑을 강조하는 예언적 메시지로 되어 있다.

a. 이스라엘에 대한 고발 (호 4-7장)

하나님은 이스라엘이 진리와 긍휼, 그리고 하나님에 대한 지식이 없음을 비판하면서, 부패한 지도자들이 이스라엘을 잘못된 길로 이끈 것에 대해 책임을 묻는다. 호세아는 이스라엘의 형식적인 회개를 비판하면서, 그들이 여전히 우상숭배와 외세에 의한 외교적 동맹에 의존하고 있음을 지적한다.

b. 심판의 선언 (호 8-10장)

이스라엘의 우상과 외세 의존은 멸망을 초래할 것이며, 그들의 불충실함은 결국 포로 생활과 황폐함으로 이어질 것이다.

c. 하나님의 긍휼과 회복의 약속 (호 11-14장)

호세아는 이스라엘의 반역에도 불구하고, 하나님의 아버지 같은 사랑과 긍휼을 강조하면서, 하나님의 공의와 미래의 희망을 제시한다. 호세아는 결론적으로 진정한 회개를 촉구하면서 치유와 갱신, 그리고 축복을 약속한다.

3. 주요 메시지

1) 헤세드(חֶסֶד)

호세아서에서 '헤세드'는 가장 중요한 신학적 용어 중 하나로 하나님의 언약적 사랑, 신실함, 그리고 자비의 깊이를 의미한다.

> 나는 인애를 원하고 제사를 원하지 아니하며, 번제보다 하나님을 아는 것을 원하노라(호 6:6)

헤세드는 하나님께서 자신의 백성에게 보여주시는 변함없는 사랑과 언약적 신실함을 가리킨다. 이 사랑은 이스라엘의 공로가 아니라 하나님의 성품과 언약에 대한 지속적인 헌신에 뿌리를 두고 있다.

> 내가 네게 장가들어 영원히 살되 공의와 정의와 은총과 긍휼히 여김으로 네게 장가들며 진실함으로 네게 장가들리니 네가 여호와를 알리라(호 2:19-20)

하나님은 이스라엘에게 "헤세드와 긍휼"로 장가들겠다고 약속하시며, 이스라엘의 영적 간음에도 불구하고 변치 않는 사랑과 신실함을 보여준다. 더 나아가 헤세드는 하나님과의 관계에서 나타나는 신실함, 사랑, 그리고 순종을 포함한다. 하나님은 단순한 형식적 종교행위보다 관계의 신실함과 사랑을 더 중시하신다. 헤세드는 인간관계에서도 언약의 신실함을 나타낸다. 이스라엘이 자행하는 우상숭배와 사회적 불의는 하나님에 대한 이스라엘의 헤세드가 결핍되었음을 의미하며, 하나님과의 관계가 깨어졌음을 보여준다(호 4:1-2). 호세아는 하나님의 변함없는 사랑과 신실함과 이스라엘의 불충실함을 대조하면서, 단순히 외적인 종교 행위에 그치지 않는 하나님과의 신실한 관계를 강조한다.

호세아의 하나님은 헤세드의 하나님이다. 헤세드는 계약을 지키시기 원하시는 전적인 하나님의 은총에 따른 사랑이다. 호세아의 사랑에 대한 개념은 남유다의 예레미야 예언자에게 영향을 주었으며, 신약성경에서 죄인들을 구원하고자 하는 복음적인 사랑의 개념에도 큰 영향을 미쳤다.

2) 출애굽 전승

호세아 예언자의 신앙적 배경은 출애굽 전승(호 2:14-15; 12:9)이라고 할 수 있다. 호세아는 광야시대의 이스라엘을 광야의 포도송이로 이상화(호 9:10)하고 있다. 이렇게 하나님은 출애굽을 통해 이스라엘 백성들을 이집트에서 해방시켰지만, 가나안에 정착한 이후 바알을 섬기며 우상을 숭배하였다고 비판한다.

> 이스라엘이 어렸을 때에 내가 사랑하여 내 아들을 애굽에서 불러냈거늘 선지자들이 그들을 부를수록 그들은 점점 멀리하고 바알들에게 제사하며 아로새긴 우상 앞에서 분향하였느니라(호 11:1-2)

그리고 호세아는 이스라엘 왕국에 대해 비판한다. 호세아 8장 4절에 "그들이 왕들을 세웠으나 내게서 난 것이 아니며 그들이 지도자들을 세웠으나 내가 모르는 바이며 그들이 또 그 은, 금으로 자기를 위하여 우상을 만들었나니 결국은 파괴되고 말리라"는 말씀을 통해 호세아 예언자는 왕국을 세운 것 자체가 하나님의 뜻에 반한 것이라는 입장이며, 그들이 자신들을 위해 만든 우상으로 인해 멸망하게 될 것을 예언한다.

3) 호세아의 하나님 표현

호세아는 하나님을 표현할 때 남편(호 2:4이하), 아버지(호 11:1이하), 이슬(호 14:5), 목자(호 13:5-6), 새 그물(호 7:12), 사자(호 5:14), 열매 맺는 나무(호 14:8) 등으로 비유하고 있다. 그러나 호세아는 예레미야나 제2이사야처럼 여호와를 한 번도 '왕'이라고 표현하지 않는다. 호세아는 왕국 자체에 대한 비판의식을 갖고 철저하게 제왕의식에 대립되는 유목민적인 가족주의 표현을 사용하고 있다. 호세아에게 있어서 북이스라엘의 제의는 왕조신앙을 합리화한 혼합주의 제의로 포장된 바알신앙이었다. 출애굽시대의 여호와 신앙에 뿌리를 둔 호세아는 북이스라엘의 제의에 대한 비판과 함께 왕국 자체가 여호와 하나님 신앙에 어긋나는 것이라고 보고 북이스라엘 왕국의 멸망을 예언한다.

> 이스라엘아 네가 패망하였나니 이는 너를 도와주는 나를 대적함이니라. 전에 네가 이르기를 내게 왕과 지도자들을 주소서 하였느니라. 네 모든 성읍에서 너를 구원할 자 곧 네 왕이 이제 어디 있으며 네 재판장들이 어디 있느냐(호 13:9-10)

호세아의 예언대로 북이스라엘은 주전 722년 아시리아 제국에 의해 멸망했다. 북이스라엘의 수도 사마리아는 철저하게 파괴되고 황폐화되었으며, 아시리아 제국은 북이스라엘이 다시는 일어서지 못하도록 사마리아에 이방인을 이주시켜 민족성을 말살하려고 하였으며, 많은 사람을 포로로 끌고 갔다. 그때 이후부터 북이스라엘에 남아 있던 주민들을 사마리아인이라 부르기 시작하였으며, 예수 당시에 유대인들은 사마리아인들을 이방인처럼 취급하였다.

요엘

1. 역사적 배경

요엘은 "여호와의 날"을 선포한 예언자이다. 요엘에게서 "여호와의 날"이란 이방 나라들이 유대인에게 저지른 죄로 인해 하나님께서 그들에게 진노를 퍼부으실 미래의 한 때를 말한다(욜 3:1-8). 요엘은 브두엘의 아들(욜 1:1)인데, '브두엘'은 "하나님의 성실"이란 뜻이고, '요엘'은 "여호와는 하나님이시다"라는 뜻이다. 일부 전승에서는 요엘서에 전제와 소제 등, 제사에 대하여 자주 언급한 점을 근거로 요엘의 아버지 브두엘은 제사장이었을 것이라고 한다(욜 1:9, 13, 14). 요엘은 시온과 예루살렘에 대한 언급을 자주 하는 것으로 보아(욜 2:15-17, 23, 32; 3:1, 5, 6, 16, 17, 20, 21) 예루살렘을 중심으로 예언 활동을 했던 제의 예언자 혹은 성전 예언자였을 것이라 여겨진다.

요엘이 활동했던 시기는 주전 8세기 남유다의 웃시야 왕이 통치하던 시대로 호세아, 아모스, 요나와 거의 동시대 인물이다. 요엘서가 호세아와 아모스 사이에 배치된 것은 요엘이 호세아나 아모스와 거의 동시대에 활동했던 예언자이기 때문일 것이다. 그런데 요엘이 활동할 당시는 북이스라엘이 존재할 때였는데, 북이스라엘에 대한 언급이 없고, 남유다를 가리켜 '이스라엘'이라고 지칭하고 있다(욜 2:27; 3:2, 16). 남유다를 가리켜 '이스라엘'이라고 한 것은 바벨론 포로기 이후의 문서들에서 주로 나타난다. 그래서 요엘서를 둘로 나누어 요엘 1장 1절-2장 27절은 예언자 요엘이 활동할 당시의 메뚜기 재앙에 대한 신탁이고, 요엘 2장 28절-3장 21절은 바벨론 포로기 이후에 추가된 것이라고 주장하기도 한다. 이런 가설에 근거하여 지금의 요엘서가 최종적으로 기록된 시기는 주전 4세기경 페르시아 제국의 통치시기로 느헤미야의 종교개혁 이후라고 본다.

2. 내용분석

한국어 성경은 요엘서가 3장으로 되어 있는데, 히브리 성경은 4장으로 되어 있다. 그러나 본문 내용은 동일하다. 한국어 성경은 영어 성경과 함께 70인역이 요엘서를 3장으로 구분한 것에 영향을 받았다. 히브리 성경은 요엘 2장 8절에서 시작하는 성령의 부어짐과 종말적 징조를 새로운 장으로 구분하였는데, 70인역은 히브리 성경에 3장으로 되어 있는 요엘 2장 28-32절을 요엘 2장의 연속으로 간주하여 하나의 장으로 포함시켰다. 그래서 히브리 성경의 요엘 4장은 자연스럽게 요엘 3장이 되었다. 이 구조는 영어 성경에 반영되었으며, 한국어 성경도 이 전통을 따르게 되었다.

1) 1:1-2:17 메뚜기 재앙과 심각한 가뭄에 대한 애가

요엘은 전례 없는 가뭄과 메뚜기 재앙이 백성들의 영적인 타락으로 인해 임하였다고 보고 회개를 촉구한다. 메뚜기 떼의 침략으로 농업과 경제, 종교적인 제의가 중단되며 유다 전역에 국가적인 위기가 닥친다. 요엘은 메뚜기 재앙을 더 큰 심판인 여호와의 날의 전조로 간주하고, 곧 다가올 하나님의 군대에 대해 비유하면서(욜 2:1-11), 하나님의 심판이 다가왔으니 회개할 것을 촉구한다(욜 2:12-17). 요엘은 진정한 회개를 호소하면서 금식과 기도를 통한 민족적 회개의 필요성을 강조한다.

2) 2:18-3:21 여호와의 응답과 회복에 대한 약속

하나님은 민족적 회개의 응답으로 메뚜기 떼를 제거하고 땅을 회복시키겠다고 약속하셨다. 이후 가뭄과 기근이 끝나고 하나님의 축복으로 기쁨이 회복된다(욜 2:18-27). 하나님은 나이, 성별, 신분의 차이를 넘어 모든 백성에게 성령을 부어주겠다고 약속하셨고(욜 2:28-30), 요엘은 누구든지 여호와의 이름을 부르는 자는 구원을 받을 것이라고 선포한다(욜 2:31-32). 요엘은 출애굽시대에 광야에서 모세가 했던 "여호와께서 그의 영을 그의 모든 백성에게 주사 다 선지자가 되게 하시기를 원하노라"(민 11:29)는 기도대로 하나님의 영이 모든 사람에게 부어질 날을 예언한 것이다.

요엘 3장 1절에 "보라 그 날 곧 내가 유다와 예루살렘 가운데에서 사로잡힌 자를 돌아오게 할 그 때에"라는 말씀은 포로기 이후의 시대를 반영하고 있는 것으로 보인다. 유다를 억압했던 민족들은 여호사밧 골짜기에서 하나님의 심판을 받는다(욜 3:1-8). 여호사밧은 "여호와께서 심판하신다"라는 뜻이다. 여호와의 날에는 우주적 격변과 함께 악한 자들에 대한 최

종적인 심판이 이루어질 것이며(욜 3:9-16), 예루살렘은 거룩하게 되고 땅은 풍성한 결실을 맺고 유다는 영원할 것이다(욜 3:17-21).

3. 주요 메시지

요엘서의 신학적 메시지는 여호와의 날을 중심으로 전개되며, 이는 심판, 회개, 회복, 그리고 소망이라는 주제를 담고 있다. 요엘은 유다를 강타한 심각한 메뚜기 재앙이라는 역사적 배경을 통해 하나님의 주권과 언약, 그리고 하나님 나라의 궁극적 승리에 대한 깊은 영적 진리를 전달한다.

1) 여호와의 날

"여호와의 날"은 요엘서의 중심 주제로, 역사 속에서 하나님의 개입을 통해 심판과 구원을 가져오는 시기를 의미한다. 메뚜기 재앙은 다가올 더 큰 심판의 예표로, 요엘은 여호와의 날이 죄를 드러내고 책임을 묻는 날이 될 것이라고 경고한다(욜 1:15; 2:1-11). 하나님의 백성을 억압했던 열방 또한 여호와의 날에 심판받을 것이다(욜 3:1-16). 여호와의 날은 회개하지 않는 자에게는 두려움을 주지만, 하나님께 돌아오는 자들에게는 구원과 회복을 약속한다(욜 2:32; 3:16-21).

2) 진정한 회개

요엘은 하나님의 심판에 대한 적절한 인간의 반응이 회개임을 강조하면서, 단순한 외적 종교의식이 아닌 진심어린 회개를 촉구하며, 마음을 다해 하나님께 돌아오라고 선포한다(욜 2:12-14). 이러한 회개 요청은 하나님의 은혜롭고 자비로운 성품에 대한 확신에 뿌리를 두고 있다. 하나님은 "노하기를 더디하시며 인애가 크신 분"(욜 2:13)으로, 용서하고 회복시키시려는 준비가 되어 있는 분이다.

3) 회복과 구원

하나님은 메뚜기 재앙을 통해 자신의 백성을 징계하시지만(욜 1:4-7), 황폐해진 땅이 다시 회복되고 풍성함이 돌아올 것을 약속하신다(욜 2:21-27). 그리고 하나님의 영이 모든 사람에게 부어질 것이며, 누구든지 여호와의 이름을 부르는 자는 구원받을 것이라고 약속하신다(욜 2:28-32). 이 약속은 마가의 다락방 성령강림사건을 통해 성취된다.

> 그 후에 내가 내 영을 만민에게 부어 주리니 너희 자녀들이 장래 일을 말할 것이며 너희 늙은이는 꿈을 꾸며 너희 젊은이는 이상을 볼 것이며 그 때에 내가 또 내 영을 남종과 여종에게 부어 줄 것이며 내가 이적을 하늘과 땅에 베풀리니 곧 피와 불과 연기 기둥이라 여호와의 크고 두려운 날이 이르기 전에 해가 어두워지고 달이 핏빛 같이 변하려니와 누구든지 여호와의 이름을 부르는 자는 구원을 얻으리니 이는 나 여호와의 말대로 시온 산과 예루살렘에서 피할 자가 있을 것임이요 남은 자 중에 나 여호와의 부름을 받을 자가 있을 것임이니라(욜 2:28-32)

사도 베드로는 오순절 마가의 다락방에 모인 120명의 제자들이 성령 충만함을 받고 각 나라 방언으로 하나님의 놀라운 일을 증거한 것은 요엘의 예언이 성취된 것이라고 설교하였다.

> 하나님이 말씀하시기를 말세에 내가 내 영을 모든 육체에 부어 주리니 너희의 자녀들은 예언할 것이요 너희의 젊은이들은 환상을 보고 너희의 늙은이들은 꿈을 꾸리라 그 때에 내가 내 영을 내 남종과 여종들에게 부어 주리니 그들이 예언할 것이요 또 내가 위로 하늘에서는 기사를 아래로 땅에서는 징조를 베풀리니 곧 피와 불과 연기로다 주의 크고 영화로운 날이 이르기 전에 해가 변하여 어두워지고 달이 변하여 피가 되리라 누구든지 주의 이름을 부르는 자는 구원을 받으리라 하였느니라(행 2:17-21)

요엘 2장 32절에 "누구든지 여호와의 이름을 부르는 자는 구원을 얻으리니"라는 말씀은 사도행전 2장 21절에, "누구든지 주의 이름을 부르는 자는 구원을 얻으리라"는 말씀으로 인용되어 있다. 요엘서의 "여호와의 이름"이 사도행전에서 "주의 이름"으로 바뀌어 있다. 이는 헬라어로 쓰여 있는 신약성경이 구약성경을 인용할 때 70인역의 번역을 인용하였기 때문이다. 70인역은 히브리 성경을 헬라어로 번역하면서 '여호와'라는 하나님의 고유명칭을 모두 '주'로 번역하였다.

요엘서에 "누구든지 여호와의 이름을 부르는 자는 구원을 얻으리라"는 말씀을 사도행전에서 "누구든지 주의 이름을 부르는 자는 구원을 얻으리라"는 말씀으로 인용함으로써, "주의 이름"을 "예수 그리스도의 이름"으로 동일시하게 되었다. 그리하여 자연스럽게 하나님과 예수 그리스도를 한 분 하나님으로 고백하면서, "누구든지 예수 그리스도의 이름을 부르는 자는 구원을 얻으리라"는 뜻으로 이해하게 되었다.

마지막으로 요엘은 하나님이 유다를 억압하고 불의를 저지른 열방을 심판하심으로 정의를 실현하실 것을 예언하면서(욜 3:1-16), 하나님의 백성이 하나님의 임재 속에서 안전하게 거하고, 땅은 풍성한 축복으로 넘치게 되며 하나님의 영원한 통치가 이루어질 것을 선포한다(욜 3:17-21).

아모스

이사야, 예레미야, 에스겔, 12소예언서 등 자기 이름으로 된 예언서를 갖고 있는 예언자들을 문서 예언자라고 하는데, 아모스는 문서 예언자 중 최초의 인물이다. 역사적으로 볼 때 아모스는 12소예언서의 첫 번째로 나오는 호세아보다 앞서서 활동했던 예언자였으며 대표적인 왕국 비판자였다.

1. 역사적 배경

아모스는 북이스라엘의 여로보암 2세(주전 786년-746년) 때 활동하였다. 여로보암 2세는 군사력을 통하여 영토를 확장하고 경제적 부강을 이룩한 왕이다. 여로보암 2세가 통치하는 동안 북이스라엘은 정치, 경제, 문화적으로 절정을 이루었다(암 6:1, 13). 그러나 가나안 종교를 인정하는 종교 혼합주의로 인해 영적인 타락과 부패가 심하였다. 왕국은 혼합주의 종교제의가 제공하는 제왕이념 위에 자리를 잡고 있었다. 사회적으로는 저울의 눈을 속이고 신 한 켤레 값에 사람을 노예로 파는 등 부정부패가 만연하였으며, 장사를 위해 월삭과 안식일이 오는 것을 싫어하였다(암 8:5-6).

아모스는 남유다 출신이면서 주로 북이스라엘의 수도 사마리아와 제의 중심지 벧엘에서 예언 활동을 하였다. 아모스는

"짐을 진 자"란 뜻으로 남유다의 수도인 예루살렘 남방 15km 지점에 있는 드고아 출신의 목자였다(암 1:1). 아모스는 "나는 목자요 뽕나무(돌무화과나무)를 재배하는 자"(암 7:14)라고 자신을 소개한다. 보통 목자 하면, 히브리어로 '로에'인데, 아모스는 '노케드(נֹקֵד)'라고 하였다. '노케드'는 단순한 목자가 아니라, 상당한 가축 떼를 거느린 사람을 가리킨다. 열왕기하 3장 4절에 보면, 이스라엘 왕에게 새끼 양 십만 마리의 털과 숫양 십만 마리의 털을 바친 모압 왕 메사가 자신을 '노케드'라고 말한다. 아모스는 자기 농장을 갖고 있고 상당한 수의 가축 떼도 거느리고 있는 중산층의 사람이었던 것으로 보인다. 아모스는 자기가 본래 직업 예언자가 아니라 목자요 농부였는데, 어느 날 하나님으로부터 예언자로 부름을 받게 되었다고 한다.

나는 선지자도 선지자의 아들도 아니라(암 7:14)

"선지자의 아들"이란 선지자가 되기 위해 훈련을 받던 제자라는 뜻이다. 예언자도 아니요, 예언자가 되기 위해 교육받던 사람도 아니었던 아모스는 어느 날 하나님에 의해 예언자로 부름 받게 되었으며, 자신은 하나님의 부름을 결코 거부할 수 없었다고 고백한다.

사자가 부르짖은즉 누가 두려워하지 아니하겠느냐 주 여호와께서 말씀하신즉 누가 예언하지 아니하겠느냐(암 3:8)

2. 내용분석

아모스서는 문학적으로 명확한 구조를 갖고 있는데, 크게 셋으로 구분된다.

1) 1-2장: 주변국과 이스라엘에 대한 심판 메시지

아모스의 배경과 사역 시기를 서두(암 1:1-2)로 아모스는 신의를 저버린 주변국에 대한 심판의 메시지를 전한다. 이방 민족들의 죄에 대한 심판 선언은 다메섹(암 1:3-5), 가사(암 1:6-8), 두로(암 1:9-10), 에돔(암 1:11-12), 암몬(암 1:13-15) 모압(암 2:1-3) 등 주변국을 시작으로 유다(암 2:4-5)와 이스라엘(암 2:6-16)로 옮겨 가고 있다. 여기서 이스라엘에 관한 심판의 메시지가 가장 길게 나오고 있으며, 이스라엘의 사회적 불의에 대해 신랄하게 비판한다. 반복해서 나오는 각 나라의 "서너 가지 죄"는 "세 가지 그리고 네 가지 죄"란 뜻이다. 이를 계산하면 3+4 = 7로 죄악이 차고 넘친다는 뜻이다.

2) 3-6장: 이스라엘과 부유층들에 대한 경고

아모스는 본격적으로 이스라엘에 대한 심판을 선언하면서, 하나님과 이스라엘의 특별한 관계와 그로 인한 책임을 강조하고(암 3:1-15), 사치스러운 사마리아의 귀부인들, 부정한 재벌과 악덕상인을 고발한다(암 4:1-13). 4장 1절에 "사마리아 산에 있는 바산의 암소들"은 타락한 사마리아의 귀부인들을 가리킨다. 바산은 갈릴리 호수 동북쪽에 있는 고원지대로 지금의 골란고원이다. 바산은 목초지가 많아 풀을 뜯는 소들이 많이 있는데, 사마리아 귀부인들을 한가로이 풀을 뜯고 있는 살찐 소들에 비유한 것이다.

아모스 5장 1-3절은 이스라엘에 대한 만가(장송곡)이다.

이스라엘 족속아 내가 너희에게 대하여 애가로 지은 이 말을 들으라 처녀 이스라엘이 엎드러졌음이여 다시 일어나지 못하리로다 자기 땅에 던지움이여 일으킬 자 없으리로다 주 여호와께서 이와 같이 말씀하시되 이스라엘 중에서 천 명이 행군해 나가던 성읍에는 백 명만 남고 백 명이 행군해 나가던 성읍에는 열 명만 남으리라 하셨느니라(암 5:1-3)

아모스 5장 2절에 "엎드러졌으니"라는 동사 '나플라(נָפְלָה)'는 시제가 완료형으로 되어 있는데, 실제로는 미래에 일어날 사건을 이미 일어난 것처럼 묘사한 예언적 완료형(prophetic perfect)이다. 군사적으로나 경제적으로 번창하던 이스라엘의 몰락에 대한 만가는 장차 임할 재앙에 대한 심판의 메시지이다. 만가는 죽은 이를 애도하고 유족을 위로하기 위해 부르는 노래인데, 멀쩡하게 살아 있는 사람에 대한 만가는 조롱과 심판의 의미를 갖고 있다.

아모스 5장 18절에 "화 있을진저 여호와의 날을 사모하는 자여 너희가 어찌하여 여호와의 날을 사모하느냐 그 날은 어둠이요 빛이 아니라"는 예언은 이스라엘 백성들이 기다리는 여호와의 날이 구원의 날이 아니라 심판의 날이라는 역설적 메시지이다. 아모스는 이스라엘 백성들이 드리는 제의에 대해 신랄하게 비판하면서 정의를 실현할 것을 촉구한다.

> 내가 너희 절기들을 미워하여 멸시하며 너희 성회들을 기뻐하지 아니하나니 너희가 내게 번제나 소제를 드릴지라도 내가 받지 아니할 것이요 너희의 살진 희생의 화목제도 내가 돌아보지 아니하리라 네 노랫소리를 내 앞에서 그칠지어다 네 비파 소리도 내가 듣지 아니하리라 오직 정의를 물 같이, 공의를 마르지 않는 강 같이 흐르게 할지어다.(암 5:21-24)

아모스 6장 1절도 "화 있을진저"로 시작한다. 북이스라엘의 수도인 사마리아 지도층의 안일함과 사치에 대해 신랄하게 지적하면서 "정의를 쓸개로 바꾸며 공의의 열매를 쓴 쑥으로 바꾸며"(암 6:12)라고 비판한다(암 6:1-14).

3) 7-9장: 다섯 가지 환상(암 7:1-9:10)

a. 아모스가 본 다섯 가지 환상

(1) 메뚜기 떼(암 7:1-3): 메뚜기는 풀을 먹어치우며 남은 곡식을 파괴함으로 이스라엘에 큰 재앙을 예고한다. 아모스는 이 재앙이 너무 가혹하다고 간청했고, 하나님께서는 이를 거두신다. 메뚜기는 경제적 파괴와 기근을 상징한다.

(2) 삼키는 불(암 7:4-6): 하나님은 불로 땅을 삼키고 바다를 말리시는 환상을 통해 모든 것을 태우고 파괴할 강력한 심판을 보여주신다. 아모스가 또다시 간청하자, 하나님의 긍휼로 인해 심판은 또 한 번 유보된다.

(3) 다림줄(암 7:7-9): 다림줄은 공사를 할 때 건축물의 수직을 측정하는 도구로 하나님은 다림줄을 통해 이스라엘의

도덕적, 영적 상태가 바르게 서 있는지를 평가하신다는 것을 보여준다. 다림줄은 하나님의 정의와 공의를 상징하는데, 이스라엘은 하나님의 기준에 용납될 수 없는 상태에 이르러 하나님의 심판은 더 이상 유보되지 않고 북이스라엘 왕조와 제단이 파괴될 것을 예언한다.

Tip 12

예언자 아모스와 제사장 아마샤의 대결(암 7:10-17)

아모스의 세 번째 환상과 네 번째 환상 사이에 예언자 아모스와 제사장 아마샤의 대결이 등장한다. 벧엘의 제사장인 아마샤는 북이스라엘을 향해 심판의 예언을 하는 아모스에게 "선견자야 너는 유다 땅으로 도망하여 가서 거기에서나 떡을 먹으며 거기에서나 예언하고 다시는 벧엘에서 예언하지 말라 이는 왕의 성소요 나라의 궁궐임이니라"(암 7:12-13)라고 말한다.

아모스는 남유다 출신이니 북이스라엘에 와서 백성들의 마음을 어지럽히지 말고 네 나라에 가서 예언하라는 것이다. 제사장 아마샤가 있는 벧엘은 북이스라엘이 왕국분열 이후 남유다의 예루살렘에 있는 솔로몬 성전을 대신해서 북이스라엘의 국가성소를 세우고 법궤 대신 금송아지를 만들어 섬기도록 한 곳이다.

이에 대해 아모스는 굴하지 않고 자기는 본래 목자요 농부인데, 하나님께서 예언자로 부르셔서 하나님의 말씀을 예언하도록 하였다고 하면서, 제사장 아마샤의 집안과 북이스라엘의 멸망에 대한 심판 예언을 하였다.

여기서 북이스라엘 벧엘 성소의 제사장 아마샤는 아모스를 가리켜 '선견자', 즉 '호제(חֹזֶה)'라고 말하고, 아모스는 자신을 가리켜 '예언자', 즉 '나비(נָבִיא)'로 대답을 한다. 당시 농경문화에 근거한 혼합제의를 주관한 제사장 아마샤가 보기에 아모스의 예언은 농경문화에 비판적인 유목문화적인 배경을 바탕으로 한 것이기 때문이다. 그러나 여호와는 바알 숭배를 용납하는 혼합제의나 사회적 불의를 용납하지 않는 하나님이라고 보는 아모스에게 있어서 '선견자'와 '선지자'는 동일한 의미에서 예언자이다. '예언하지 말라'고 한 제사장 아마샤나 '예언하겠다'고 한 아모스는 모두 같은 '예언하다'는 동사인 '히트나베(הִתְנַבֵּא, 암 7:12, 13, 15)'를 사용하고 있다.

(4) 여름과일 광주리(암 8:1-3): 아모스는 여름과일 한 광주리에 대한 환상을 보는데, 이것이 이스라엘의 끝이 이르렀다는 의미라는 것이다(2절). '여름과일'은 히브리어로 '카이츠(קַיִץ)'이고 '끝'은 자음 '요드(י)'가 빠진 '케츠(קֵץ)'이다. '요드'는 하나님의 고유명칭인 יהוה(YHWH) 네 글자(Tetragrammaton)의 첫 번째 글자이다. 이스라엘이 여름 실과처럼 풍성해 보여도 하나님이 빠지면 끝장난다는 심판의 메시지이다. 이는 히브리어 글자를 통해 상징적 메시지를 전하는 언어유희(wordplay)이다.

(5) 흔들리는 제단(암 9:1-4): 회개를 모르는 이스라엘의 제단을 쳐서 영원히 멸하겠다는 심판의 메시지이다. 1절에 "제단 곁에 서서 이르시되 기둥머리를 쳐서 문지방이 움직이게 하며"라는 말씀에서 '기둥머리'는 히브리어로 '로쉬(ראשׁ)'이고 '움직이게'는 '라아쉬(רָעַשׁ)'로 비슷한 음으로 되어 있다. 이것도 일종의 언어유희이다. 하나님은 제단 곁에 서 계시고, 그곳을 치라고 명령하신다. 신전은 무너지고, 남은 사람들조차 도망칠 수 없다. 하나님의 심판이 이스라엘의 정치적, 경제적 구조뿐만 아니라 종교적 기반까지 심판할 것을 경고한다.

Tip 13

다윗 왕국의 회복(암 9:11-15)

아모스서 9장 11-15절은 다윗 왕국의 회복과 농업의 풍요, 그리고 이스라엘이 다시 땅으로 돌아오는 희망으로 결론을 맺고 있다. 앞선 아모스의 예언이 모두 북이스라엘과 관련된 것이기 때문에 여기서 갑작스럽게 다윗 왕국의 회복과 관련한 메시지가 등장하는 것은 의문의 여지가 있다.

아모스 9장 11-15절이 바벨론 포로기 이후에 첨가된 것이라고 보는 학자는 아모스 9장 11절의 "다윗의 무너진 장막"이라는 표현과 회복의 약속이 포로기 이후 또는 제2성전시대와 관련된 것이라 주장한다. 이 시기에는 이스라엘의 재건과 다윗 왕조의 복원을 통해 민족적 정체성과 희망을 강조하는 메시지가 자주 등장하기 때문이다(사 40-66장, 겔 34장 등).

반면에 아모스 9장 11-15절을 아모스의 본래 메시지로 보는 학자들은 이것이 심판 이후의 희망을 강조한 부분이라고 이해하면서, 본문에 사용된 언어와 표현은 아모스서의 전반적인 주제인 정의와 공의, 하나님의 주권 등과 일관성을 갖고 있다고 본다.

3. 주요 메시지

아모스는 하나님의 정의를 강조한 예언자이다. 아모스는 하나님의 말씀을 선포하면서, 은유, 조롱, 저주, 환상, 대화, 풍자 등 다양한 문학적 양식을 풍부하게 사용하고 있다. 아모스는 북이스라엘 왕국의 정치적, 사회적 불의와 종교적 형식주의에 대한 부정적인 입장을 취하고 있으며, 하나님과의 긴밀한 관계를 강조한다.

1) 제의 비판

아모스는 북이스라엘의 성소가 있는 벧엘이나 길갈을 찾지 말고 하나님을 찾으라(암 5:4-6)고 하면서 "살려면 선을 구하고 악을 구하지 말지어다"(암 5:14)라고 선포한다. 아모스는 혼합주의 종교제의에 따른 우상숭배를 강력하게 비판하면서, 사마리아의 종교제의를 규탄한다. 아모스는 출애굽시대에는 없던 각종 절기와 희생제사 규례의 실시를 비난하면서(암 4:4-5; 5:4-5, 21-26), 하나님이 진정으로 원하시는 것은 형식적인 제사가 하니라 하나님의 공의를 실현하는 것이라고 강조한다. 아모스는 특별히 가난한 사람들에 대한 억압과 착취 등 사회적 불의와 불평등에 대한 강력한 비판을 한 예언자로 "정의의 예언자"라고 부른다.

> 오직 정의를 물 같이, 공의를 마르지 않는 강 같이 흐르게 할지어다(암 5:24)

2) 여호와의 날

아모스가 예언자로 활동할 당시 이스라엘 백성들은 "여호와의 날"은 여호와께서 적들을 심판하고 자기들을 구원하는 날이라고 믿었다. 그러나 아모스는 이스라엘이 기다리는 "여호와의 날"이 구원의 날이 아니라 심판의 날이라고 선포하였다.

> 화 있을진저 여호와의 날을 사모하는 자여 너희가 어찌하여 여호와의 날을 사모하느냐 그 날은 어둠이요 빛이 아니라(암 5:18)

하나님은 우상숭배와 부패한 혼합제의를 싫어하시고 온갖

불의한 행위를 행하는 이스라엘을 심판하시는 분이시며, 심지어 이스라엘 백성을 심판하기 위해 적들의 군대를 심판의 도구로 사용하시는 분이다. 하나님은 이스라엘과 이방인을 구별하는 분이 아니라, 회개하지 않는 자와 회개하는 자를 구분하시는 분이다. 이스라엘은 다른 나라와 마찬가지로 온갖 죄를 범하면서 회개하지 않으면 하나님의 진노를 피할 수 없다.

아모스는 여호와 하나님을 전 세계와 열방을 심판하시는 하나님으로 선포하면서 민족주의적 한계를 뛰어넘어 우주적 신학의 기초를 놓은 예언자이다. 아모스서에는 "만군의 하나님 여호와"(암 5:14, 16; 9:5)라는 표현이 자주 나온다.

3) 남은 자 사상

이스라엘 예언자들에게 있어서 "남은 자 사상"은 심판 속에 숨은 복음이라고 할 수 있다. 하나님은 이스라엘을 죄악 때문에 심판하시지만, 완전히 멸하지 않으시고 남은 자를 두셔서 다시금 회복시키시는 구원의 역사를 일으키신다.

> 보라 주 여호와의 눈이 범죄한 나라를 주목하노니 내가 그것을 지면에서 멸하리라 그러나 야곱의 집은 온전히 멸하지는 아니하리라 여호와의 말씀이니라(암 9:8)

아모스의 남은 자 사상은 아모스 9장 11절 이하에서 갑작스럽게 하나님께서 다윗의 무너진 장막을 일으킨다는 구원의 메시지로 끝맺는다.

그 날에 내가 다윗의 무너진 장막을 일으키고 그것들의 틈을 막으며 그 허물어진 것을 일으켜서 옛적과 같이 세우고 그들이 에돔의 남은 자와 내 이름으로 일컫는 만국을 기업으로 얻게 하리라 이 일을 행하시는 여호와의 말씀이니라(암 9:11-12)

이 말씀이 주전 8세기에 북이스라엘에서 주로 활동하였던 예언자 아모스의 선포인지에 대해서는 여러 가지 의문이 있다. 아모스는 본래 남유다 출신의 예언자였기 때문에 다윗 왕국의 운명에 대한 예언을 하였을 수도 있다. 그럼에도 "다윗의 무너진 장막"이라는 표현은 남유다 왕국이 바빌로니아에 의해 멸망하고 남은 사람들은 포로로 끌려간 것을 암시하고 있기 때문에 바벨론 포로기나 그 이후의 역사적 상황을 반영하고 있는 것으로 보인다.

오바댜

오바댜서는 구약성경에서 한 장으로 이루어진 가장 짧은 책이다. 오바댜는 에돔에 대한 예언을 기록했으며, 에돔의 죄와 심판, 그리고 이스라엘의 회복에 대한 메시지이다.

1. 역사적 배경

에돔은 야곱의 형제인 에서의 후손으로 이스라엘과 형제 족속이었다(창 36장). 에돔은 '붉다'는 뜻이다. 야곱의 후손인 이스라엘과 에서의 후손인 에돔은 족장시대부터 왕국시대에 이르기까지 오랜 관계를 갖고 있었다. 출애굽한 이스라엘 백성이 약속의 땅 가나안으로 들어가려고 할 때 에돔은 자기들의 땅을 통과하는 것을 거절했으며(민 20:14-21), 다윗-솔로몬 시대에는 이스라엘이 에돔과 싸워 그 땅을 지배하기도 했다(삼하 8:13-14; 왕상 9:16; 11:14-22). 분열왕국시대에 남유다와 에돔 사이에 적지 않은 갈등이 계속되었으며, 주전 8세기에는 에돔이 유다를 침공하여 남유다의 아하스 왕이 아시리아에 도움을 요청하기도 하였다(대하 28:17). 이때부터 에돔은 사실상 남유다의 영향력에서 벗어났으며, 주전 586년 바빌로니아가 유다를 공격하여 예루살렘을 함락할 때 에돔은 남유다를 약탈하는 기회로 삼았다.

오바댜는 주전 586년 예루살렘 멸망 후에 활동했던 예언자이다. 오바댜는 "여호와의 종"이라는 뜻으로 북이스라엘의 아합 왕 때 왕비 이세벨의 손으로부터 여호와의 예언자들을 숨겨주었던 궁내대신 오바댜(왕상 18:3)와 동명이인이다.

유다 왕국이 바빌로니아에 의해 멸망한 후 에돔도 점차 쇠퇴하기 시작하였다. 에돔은 고지대의 '페트라(Petra)'라고 하는 붉은 바위산에 거주하였다. 주전 4세기경 베두인족 나바테아인(Nabataeans)에 의해 페트라에서 밀려난 에돔은 유다의 남방인 네겝 지역으로 옮겨 거주하였으며, 이 지역은 헬라시대에 '이두메아(doumaía)'라고 불리었다. 주전 2세기경 하스모네안 왕조 때 이두메아는 유대인과 동화되었다. 신약시대에 이두메아는 로마 제국의 한 지방으로 언급되고 있는데, 예수께서 탄생할 당시 유대의 왕이었던 헤롯 임금이 이두메아 출신이다.

2. 내용분석

1) 에돔에 대한 심판 (1-15절)

에돔의 교만에 대해 책망하면서, 그들의 높은 지위가 그들을 구하지 못할 것임을 강조한다. 에돔은 도둑과 침략자들에 의해 철저히 약탈당할 것이다. 예루살렘이 외국인들에 의해 함락 당하던 날 에돔은 이스라엘을 돕기는커녕 오히려 조롱하고 약탈하는 악을 행하였다. 오바댜는 그런 에돔을 향해 "여호와께서 만국을 벌할 날이 가까웠나니 네가 행한 대로 너도 받을 것인즉 네가 행한 것이 네 머리로 돌아갈 것이라"(15절)는 심판의 메시지를 전한다.

2) 여호와의 날과 이스라엘의 회복 (16-21절)

하나님의 거룩한 성산인 시온이 회복되어 야곱 족속은 구원을 받아 땅을 차지하게 되고 에서 족속은 지푸라기처럼 불에 타 남은 자가 없게 될 것이다.

> 구원 받은 자들이 시온 산에 올라와서 에서의 산을 심판하리니 나라가 여호와께 속하리라(21절)

3. 주요 메시지

주전 586년 바빌로니아에 의해 예루살렘이 함락되고 성전이 파괴될 때 에돔은 약탈자의 편에서 예루살렘을 약탈해 가고 도망하는 사람들을 붙잡아갔다. 오바댜서는 이스라엘의 형제인 에돔이 이스라엘이 고난당하는 것을 방관하고 기뻐한 것에 대한 하나님의 심판의 메시지이다.

출애굽시대에 이스라엘 백성들은 모세의 인도 아래 가데스 바네아에 도착하였다. 가데스 바네아에서 약속의 땅 가나안의 최남단에 있는 브엘세바까지는 거리가 약 80km 정도 된다. 가데스 바네아에 38년 정도 머무른 이스라엘이 브엘세바를 통해 약속의 땅으로 들어가려고 하였다. 그런데 그 길목에 에돔 족속이 있었다. 모세는 에돔 족속에게 큰 길로만 지나가고 아무 해를 끼치지 않도록 할 테니 길을 열어 달라고 요청하였다. 그러나 에돔 왕은 모세의 요청을 거절하였다(민 20:14-21).

이스라엘 백성들은 에돔 땅을 우회하여 갔는데, 이 일로 인해 백성들이 모세를 원망하고 불평하자 불뱀에 물려 죽는 일이 생겼다(민 21:4-6). 가데스 바네아에서 브엘세바로 가는 길은 약속의 땅으로 가는 지름길이었는데, 그 길을 두고 요단 동편에 있는 모압 평원을 향해 먼 길을 돌아가게 되었으며, 많은 가나안 족속들과 전쟁을 해야만 하는 험한 길이었다. 이스라엘 백성들은 쉬운 지름길을 놔두고 험하고 먼 길을 가는 것에 대해 불평하며 원망하였지만, 하나님은 이스라엘의 형제인 에돔에게 피해를 주지 않기 위해 길을 돌아가도록 한 것이다.

하나님은 그 길이 쉽고 빠른 길이라고 해도 형제를 짓밟고 성공하는 것을 원치 않으신다. 그런데 에돔은 형제 이스라엘이 곤경에 처할 때 오히려 약탈하였다. 그래서 오바댜는 에돔을 향해 "네가 네 형제 야곱에게 행한 포학으로 말미암아 부끄러움을 당하고 영원히 멸절되리라"(옵 10절)는 심판의 메시지를 전한 것이다.

하나님은 형제가 어려움을 당할 때 형제의 어려움을 외면하는 것을 방관하지 않으신다. 하나님은 형제가 서로 돕기를 원하신다. 그런데 에돔은 예루살렘이 이방인에 의해 침략을 당할 때 방관하였으며, 도망하는 형제들을 돕기는커녕 오히려 그들을 붙잡아 노예로 삼으려고 하였다. 그런 에돔을 향해 오바댜는 "너의 행한 대로 너도 받을 것인즉 너의 행한 것이 네 머리로 돌아갈 것이라"(옵 15절)고 예언하였다.

형제애를 저버린 에돔에 대한 심판의 메시지는 에스겔 35장에서도 볼 수 있다. 에스겔서 35장에서 에돔은 교만한 말을 하며 이스라엘을 조롱하고(겔 35:13), 이스라엘 백성이 재난을 당하던 날에 그들을 미워하며 적들의 손에 넘겼다.

> 네가 옛날부터 한을 품고 이스라엘 족속의 환난 때 곧 죄악의 마지막 때에 칼의 위력에 그들을 넘겼도다(겔 35:5)

에스겔 예언자는 에돔이 이스라엘을 향한 미움과 교만으로 형제애를 저버린 것을 비판하면서 하나님의 심판이 에돔에게 임하여 하나님의 공의가 실현될 것임을 선포하였다. 오바댜와 에스겔의 에돔에 대한 심판의 메시지는 인간의 교만과 악한 행위는 결국 하나님의 심판을 불러온다는 것을 보여준다.

요나

1. 역사적 배경

요나의 이름은 '비둘기'라는 뜻이다. 요나는 스불론 지파 아밋대의 아들이며, 여로보암 2세 때 활동했던 요나(왕하 14:25)와 동일 인물이다. 여로보암 2세 때 활동했던 요나는 북이스라엘이 아시리아의 위협을 받고 있던 때에 이스라엘의 적국인 아시리아의 멸망을 원했던 민족주의적 예언자였다.

학자들은 요나가 아시리아의 수도 니느웨에 가서 활동한 것이라면 역사적 사건인데, 열왕기서에 이와 관련한 언급이 전혀 없는 것에 대해 의아하게 생각한다. 또한 요나서는 이스라엘의 적국인 아시리아의 수도 니느웨의 회개와 구원을 다루고 있어서 이스라엘 왕국시대의 민족주의적 요소와는 반대되는 경향을 갖고 있다. 그래서 많은 학자들은 요나서를 주전 5세기 이전의 작품으로 보기 어렵다고 주장한다. 요나서는 여로보암 2세 때 활동했던 예언자 요나의 직접적인 메시지가 아니라, 민족주의 예언자 요나라는 인물을 주인공으로 하여 민족주의를 넘어선 우주적 구원에 대한 하나님의 메시지를 전하기 위해 주전 4세기경에 문학적으로 정교하게 형성된 예언 작품이라고 보는 것이다.

2. 내용분석

요나서는 모두 4장으로 되어 있는데, 정교하게 다듬어진 이야기적 요소가 많다.

1) 1장: 요나의 소명과 도망

요나는 니느웨로 가서 하나님의 말씀을 전하라는 명령을 받는다. 이스라엘의 적국인 아시리아의 수도 니느웨에 가서 말씀을 전하라는 명령이 못마땅한 요나는 지중해변에 있는 항구 욥바로 내려가 배를 타고 다시스로 도망간다. '다시스'는 "아주 먼 곳"이라는 뜻이다. 지중해에서 풍랑을 만나 배가 파선할 위기에 처했을 때 하나님의 사람 요나는 배 아래에서 잠을 자고, 이방인 선원들은 배를 구하기 위해 자기들이 믿는 신에게 기도하며 애를 쓰는 아이러니한 모습을 보여준다. 요나는 잠에서 깨어 배가 풍랑을 만난 것이 자기 때문이라고 말하며 폭풍을 잠재우기 위해 바다에 던져진다. 하나님은 큰 물고기가 요나를 삼키게 하셔서 삼일 밤낮을 물고기 뱃속에 있게 하셨다.

2) 2장: 요나의 기도

요나서 2장은 감사 찬송으로 시편의 감사시와 비슷한 구조로 되어 있다. 요나는 물고기 뱃속에서 하나님께 기도한다. 깊은 물속에 빠진 죽음의 위기 속에서 하나님이 생명을 구해주셨다 고백하면서 "내 영혼이 내 속에서 피곤할 때에 내가 여호와를 생각하였더니 내 기도가 주께 이르렀사오며 주의 성전에 미쳤나이다"(욘 2:7)라고 노래한다. 하나님은 물고기에게 명령하여 요나를 육지에 토해내게 하셨다.

3) 3장: 니느웨의 회개

요나는 다시 한 번 니느웨로 가서 말씀을 전하라는 하나님의 명령을 듣고 니느웨로 가서 하나님의 심판의 메시지를 전한다. 3절에 "니느웨는 사흘 동안 걸을 만큼 하나님 앞에 큰 성읍이더라"는 말씀에서 "하나님 앞에 큰 성읍"이라는 표현은 "매우 큰 성읍"이라는 뜻이다. 요나가 니느웨 사람들에게 "사십 일이 지나면 니느웨가 무너지리라"(욘 3:4)는 예언을 하니, 니느웨 왕을 비롯한 모든 백성이 금식하며 굵은 베옷을 입고 회개하는 역사가 나타났다. 니느웨 왕은 사람들뿐만 아니라 짐승들까지도 금식하게 하고 회개하며 악한 길에서 떠나도록 하였다. 이에 하나님은 뜻을 돌이켜 그 성에 재앙을 내리지 않기로 하셨다.

4) 4장: 요나의 분노와 하나님의 자비

요나는 하나님이 니느웨를 용서해 주시는 것을 매우 싫어하면서 하나님이 이러실 줄 알고 자기가 다시스로 도망하려 했던 것이라 말한다. 요나는 니느웨가 어떻게 되는지 두고 보겠다며 성읍 동쪽에 초막을 짓고 뙤약볕에 앉아 있었다. 하나님께서 박넝쿨로 요나에게 그늘을 만들어 주니 요나가 좋아하였다. 하나님이 하룻밤에 벌레로 박넝쿨을 갉아먹게 하여 말라 죽게 하니 요나가 뜨거운 햇빛에 죽을 지경이 되어 성을 내었다. 그러자 하나님은 "네가 박넝쿨로 인하여 성내는 것이 옳으냐"(욘 4:9) 하시며 요나에게 질문하는 것으로 끝맺고 있다.

> 여호와께서 이르시되 네가 수고도 아니하였고 재배도 아니하였고 하룻밤에 났다가 하룻밤에 말라 버린 이 박넝쿨을 아꼈거든 하물며 이 큰 성읍 니느웨에는 좌우를 분변하지 못하는 자가 십이만여 명이요 가축도 많이 있나니 내가 어찌 아끼지 아니하겠느냐 하시니라 (욘 4:10-11)

하나님이 요나에게 마지막으로 하신 질문은 긍정적인 대답을 요청하는 설의법적인 질문(rhetorical question)이다. 설의법적인 질문은 질문 자체에 이미 답을 내포하고 있어서 상대방에게 특정 메시지를 강조하거나 긍정적인 대답을 유도하기 위한 것이다. 요나에게 대답을 요청하는 이 질문은 오늘 우리들을 향한 질문이기도 하다.

3. 주요 메시지

요나서는 교훈적인 요소가 강한 예언서이다. 요나서는 신실한 이방인과 불순종하고 불평하는 요나를 대비시키면서 하나님이 왜 이방인의 구원에 관심을 갖고 계신지 설득력 있게 전달하고 있다. 요나서 1장은 하나님의 사람이면서 불순종하고 무책임한 요나와 파선할 위험에 빠진 배를 어떻게 해서든지 구하려고 하는 이방인 선원들의 모습을 비교하고 있다. 요나서 3장에서는 하나님의 말씀을 들은 이방인들은 왕부터 짐승들에 이르기까지 회개하지만, 이 모습을 본 요나는 그들의 회개를 못마땅하게 생각한다. 요나서는 이와 같이 요나와 이방인 사이의 아이러니한 대조를 통해 교훈을 주고자 한다.

요나는 니느웨가 구원받는 것을 보고 "주께서는 은혜로우시며 자비로우시며 노하기를 더디하시며 인애가 크시사 뜻을 돌이켜 재앙을 내리지 아니하시는 하나님이신 줄을 내가 알았음이니이다"(욘 4:2)라고 고백하면서도 하나님의 은혜가 이방인에게까지 미치는 것을 원치 않는 모습을 보여준다. 요나서는 독자로 하여금 이런 요나의 태도가 옳지 못하다는 것을 느낄 수 있도록 한다. 그리고 마지막 설의법적인 질문을 통해 요나서는 하나님의 자비는 오직 이스라엘만을 향한 편협한 자비가 아니라, 이방인들에까지 이르는 우주적인 자비임을 깨닫게 한다. 이런 의미에서 요나서는 구약의 복음서라고 할 수 있다.

신약성경에서 예수는 표적을 보여 달라는 서기관과 바리새인에게 요나의 표적밖에 보여줄 것이 없다고 하며(마 12:38-39), 요나가 고기 뱃속에서 3일 만에 나온 것에 비유해 십자가 죽음과 부활을 암시하고 있다.

요나가 밤낮 사흘 동안 큰 물고기 뱃속에 있었던 것 같이 인자도 밤낮 사흘 동안 땅 속에 있으리라(마 12:40)

요나가 물고기 뱃속에 삼 일을 있다가 나와서 니느웨를 구원하였던 것처럼, 예수는 십자가에서 죽으셨다가 사흘 만에 부활하심으로 온 인류의 구원을 이루셨다. 요나는 니느웨를 구원하기 위해 하나님의 말씀을 선포했지만, 예수는 온 인류를 구원하기 위해 자신의 생명을 희생하였기에 "요나보다 더 큰 분"(마 12:41)이다.

Tip 14

요나서와 대속죄일

유대인들은 7월 10일 대속죄일에 요나서를 읽는다. 구약시대에 대속죄일은 일 년에 한 번 대제사장이 온 이스라엘의 죄를 사함받기 위하여 속죄의 피를 갖고 지성소로 들어가는 날이다. 대속죄일은 히브리어로 "욤 키푸르(Yom Kippur)"라고 하는데, 영어로는 "구속의 날(Day of At-one-ment)"이다. 유대인 랍비들은 대속죄일을 참회가 아니라 구속에 초점을 맞춘다.

요나서는 니느웨의 회개와 구원은 하나님이 이스라엘만의 하나님이 아니라 온 세상의 하나님이심을 보여준다. 하나님은 죄인의 멸망보다 회개하여 구원받기를 원하시는 분이다. 유대인이나 헬라인이나, 왕이나 백성이나, 자유인이나 종이나, 남자나 여자나 구별하지 않고 누구든지 죄를 뉘우치고 회개하면 구원함을 받는다. 그리고 요나가 하나님의 사명을 감당하기 싫어서 도망치려 했지만 하나님이 풍랑과 큰 물고기를 통해 요나가 돌아올 수밖에 없도록 만드신 것처럼 우리도 하나님께 받은 사명을 반드시 감당해야 한다는 것을 가르쳐 준다.

미가

1. 역사적 배경

미가는 남유다에서 활동했던 예언자로 그 이름은 "여호와 같은 자가 누구냐"(미 7:8 참고)라는 뜻이다. 미가는 예루살렘의 고관 출신인 이사야와 달리 농촌 출신이다. 미가의 고향은 모레셋 가드로 예루살렘에서 35km 서남쪽에 위치한 곳이며 블레셋과 인접한 변방지역이다. 미가는 아버지의 이름이 명명되지 않는 것으로 보아 평민 출신인 듯하다. 호세아는 브에리의 아들, 이사야는 아모스의 아들, 예레미야는 힐기야의 아들이라고 하여, 제사장 집안이나 이름 있는 집안의 출신인 것을 보여주는데, 아모스와 미가의 경우는 아버지의 이름에 대한 언급이 없어 평범한 집안임을 함축한다.

미가가 예언 활동을 했던 시기는 유다의 왕들인 요담과 아하스와 히스기야 시대(미 1:1)로 이사야 예언자와 거의 같은 시기에 활동했던 것으로 보인다. 이사야는 예루살렘에서 활동하고, 미가는 농촌의 변방지역에서 예언 활동을 하였는데, 서로 만난 일은 없었던 것으로 보인다. 미가는 주전 722년 아시리아가 북이스라엘의 사마리아를 함락한 후 블레셋 지경에서 이집트 군대를 격파하고 블레셋 도성이 차례로 함락되는 것을 목격하였다.

미가는 이러한 국제 정세 속 평범한 농부의 입장에서 예루살렘의 도시 문화의 부패와 종교적인 타락을 비판하였다(미 3:10). 아시리아 왕 산헤립이 예루살렘을 위협할 때 이사야는 하나님이 예루살렘을 지켜줄 것을 예언하였지만, 미가는 예루살렘의 죄악을 보고 언젠가 적의 수중에 멸망하게 되리라는 것을 예언하였다.

시온을 피로, 예루살렘을 죄악으로 건축하는도다. 그들의 우두머리들은 뇌물을 위하여 재판하며 그들의 제사장은 삯을 위하여 교훈하며 그들의 선지자는 돈을 위하여 점을 치면서도 여호와를 의뢰하여 이르기를 여호와께서 우리 중에 계시지 아니하냐. 재앙이 우리에게 임하지 아니하리라 하는도다 이러므로 너희로 말미암아 시온은 갈아엎은 밭이 되고 예루살렘은 무더기가 되고 성전의 산은 수풀의 높은 곳이 되리라(미 3:10-12)

2. 내용분석

미가서의 주요 내용은 심판과 회복, 그리고 희망이라는 주제를 중심으로 구성되어 있다.

1) 1-2장: 하나님의 심판 선언

미가 예언자의 활동 시기와 메시지를 소개하면서 북이스라엘의 사마리아와 남유다의 예루살렘에 대한 심판을 선언한다. 가난한 자들을 억압하고 그들의 땅을 강탈하는 등의 사회적 불의를 신랄하게 고발하고 남은 자들을 다시 모으고 회복시키겠다는 하나님의 약속을 전한다.

2) 3-5장: 심판과 구원

자기의 이익만을 추구하는 부패한 권력자, 제사장과 예언자를 비판하면서 평화와 정의가 이루어질 하나님의 나라에 대한 비전을 제시한다. 그리고 작은 마을 베들레헴에서 이스라엘을 다스릴 자가 나와(미 5:2) 대적들의 손에서 구원하고 점쟁이와 우상들을 제거함으로 "네가 네 손으로 만든 것을 다시는 섬기지 아니하리라"(미 5:13)고 예언한다.

3) 6-7장: 하나님이 요구하시는 것

논쟁적인 어조로 하나님이 진정으로 원하시는 것은 요란한 제사나 많은 재물이 아니라 공의와 자비와 겸손임을 강조한다.

> 사람아 주께서 선한 것이 무엇임을 네게 보이셨나니 여호와께서 네게 구하시는 것은 오직 정의를 행하며 인자를 사랑하며 겸손하게 네 하나님과 함께 행하는 것이 아니냐(미 6:8)

불의한 재물과 부정한 상행위에 대해 비판하면서 하나님의 심판으로 재앙이 임할 것을 예언한다. 그러나 하나님은 죄인을 완전히 멸하지 않으시고 진노를 돌이키사 다시 회복시켜 주시고 은혜를 베풀어 주심으로 공의를 실현하실 것이라는 희망의 메시지를 전한다.

주와 같은 신이 어디 있으리이까 주께서는 죄악과 그 기업에 남은 자의 허물을 사유하시며 인애를 기뻐하시므로 진노를 오래 품지 아니하시나이다. 다시 우리를 불쌍히 여기셔서 우리의 죄악을 발로 밟으시고 우리의 모든 죄를 깊은 바다에 던지시리이다(미 7:18-19)

3. 주요 메시지

1) 참된 종교의 진수

미가는 변방지역에 있는 농부의 입장에서 사마리아의 멸망(미 1:6)과 예루살렘의 착취(미 3:2-4), 그리고 정치와 종교지도자 등 고위층의 불의와 그릇된 종교관에 대해 신랄하게 비판한다.

그들의 우두머리들은 뇌물을 위하여 재판하며 그들의 제사장은 삯을 위하여 교훈하며 그들의 선지자는 돈을 위하여 점을 치면서도 여호와를 의뢰하여 이르기를 여호와께서 우리 중에 계시지 아니하냐 재앙이 우리에게 임하지 아니하리라 하는도다(미 3:11)

미가는 정치 지도자가 온갖 불의를 행하고 제사장은 타락하고 부패했으며, 예언자는 돈을 받고 여호와께서 우리 중에 계시니 안전하다며 거짓 예언을 일삼는다고 비판한다. 거짓 예언자에 대한 미가의 비판은 나중에 예레미야의 거짓 예언자에 대한 비판에 영향을 준 것으로 보인다(렘 28장).

미가는 특히 농민에 대한 도시민들의 착취에 대해 분노하면서 비판하는데(미 2:1-2) 아모스 예언자가 사마리아 귀족들에 대해 비판한 말을 상기시킨다(암 6:4-7). 미가서 2장 1-2절의 내용을 공동번역 성경으로 읽어 보면 미가가 얼마나 신랄하게 비판하였는지 실감할 수 있다.

> 망할 것들! 권력이나 쥐었다고 자리에 들면 못된 일만 꾸몄다가 아침 밝기가 무섭게 해치우고 마는 이 악당들아, 탐나는 밭이 있으면 빼앗고 탐나는 집을 만나면 제 것으로 만들어 그 집과 함께 임자도 종으로 삼고 밭과 함께 밭주인도 부려먹는구나(미 2:1-2, 공동번역)

미가는 하나님이 번제물로 일 년 된 송아지를 가지고 가는 것이나 천천의 숫양이나 만만의 강물 같은 기름을 기뻐하시는 것이 아니라(미 6:6-7), "오직 정의를 행하며 인자를 사랑하며 겸손하게 네 하나님과 함께 행하는 것"(미 6:8)을 기뻐하신다고 분명하게 선포한다. 이 말씀은 아모스의 정의, 호세아의 사랑, 이사야의 겸손이 응축된 참된 종교의 진수가 무엇인지를 보여준다. 하나님이 이스라엘에서 찾는 것은 화려한 제사가 아니라 "정의를 실천하고"(아모스), "인자를 사랑하며"(호세아), "겸손하게 걷는 것"(이사야)이다. 미가는 아모스, 호세아, 이사야, 세 예언자의 사상을 기계적으로 결합한 것이 아니라, 자신의 경험과 신앙 속에서 자신의 것으로 삼았다.

주전 722년에 북이스라엘이 멸망하고, 남유다도 주전 586년에 멸망한 후 성전이 파괴되고, 바빌로니아에 포로로 끌려가 더 이상 성전에서 제사를 드릴 수 없게 되었음에도 불구하고 이스라엘의 신앙이 더욱 불타오를 수 있었던 것은 겉으로만 화려한 형식적 제사가 아니라 하나님의 말씀에 순종하여 정의를 실천하고 사랑을 베풀어야 한다는 예언자들의 메시지 덕분이다.

2) 메시아 예언

이사야 예언자처럼 미가에게서도 메시아 예언에 관한 말씀을 찾을 수 있다.

> 베들레헴 에브라다야 너는 유다 족속 중에 작을지라도 이스라엘을 다스릴 자가 네게서 내게로 나올 것이라 그의 근본은 상고에, 영원에 있느니라(미 5:2)

이사야 예언은 메시아가 "이새의 뿌리"(사 11:1), 즉 다윗의 후손 가운데 나올 것이라는 점을 강조하고 있다면, 미가는 메시아가 시골의 조그만 농촌 마을인 베들레헴에서 나실 것을 강조한다. 베들레헴은 다윗의 고향이다. 베들레헴 출신의 다윗은 사울 왕 때 블레셋 장수 골리앗을 물리치면서 일약 이스라엘의 영웅으로 떠오르게 되고, 사울이 죽은 후 이스라엘의 왕이 되었다. 그 이후 다윗은 예루살렘을 수도로 삼고 그 후손들은 예루살렘에서 왕위를 계속 이어왔다.

그래서 예수께서 태어나셨을 때 메시아를 경배하기 위해 이스라엘을 찾아 온 동방박사들도 먼저 예루살렘을 방문하였다. 그들은 메시아가 다윗의 후손으로 당연히 예루살렘 왕궁에서 태어난 줄로 알았다. 그러나 예루살렘 궁에는 왕자가 태어나지 않았기 때문에 서기관들이 미가의 예언을 통해서 메시아가 베들레헴에 태어난 것을 알게 된 것이다. 다윗의 후손으로 메시아가 오실 것이라는 이사야의 예언과 베들레헴에서 나실 것이라는 미가의 예언은 예수 그리스도의 탄생을 통해서 성취되었다.

전쟁의 소용돌이 속에 있던 당시 상황에서 미가와 이사야 예언자의 메시지를 비교해 보면, 평화의 왕으로 오실 것이라고 한 메시아에 대한 이해는 동일한 것을 알 수 있다. 미가나 이사야 모두 마지막 때에 하나님의 산이 우뚝 서고 세상 모든 민족이 하나님을 경배하러 모일 것이며, 거기에는 평화만 있고 전쟁이 없을 것이라고 예언한다.

끝 날에 이르러는 여호와의 전의 산이 산들의 꼭대기에 굳게 서며 작은 산들 위에 뛰어나고 민족들이 그리로 몰려갈 것이라 곧 많은 이방 사람들이 가며 이르기를 오라 우리가 여호와의 산에 올라가서 야곱의 하나님의 전에 이르자 그가 그의 도를 가지고 우리에게 가르치실 것이니라. 우리가 그의 길로 행하리라 하리니 이는 율법이 시온에서부터 나올 것이요 여호와의 말씀이 예루살렘에서부터 나올 것임이라 그가 많은 민족들 사이의 일을 심판하시며 먼 곳 강한 이방 사람을 판결하시리니 무리가 그 칼을 쳐서 보습을 만들고 창을 쳐서 낫을 만들 것이며 이 나라와 저 나라가 다시는 칼을 들고 서로 치지 아니하며 다시는 전쟁을 연습하지 아니하고 각 사람이 자기 포도나무 아래와 자기 무화과나무 아래에 앉을 것이라 그들을 두렵게 할 자가 없으리니 이는 만군의 여호와의 입이 이같이 말씀하셨음이라(미 4:1-4)

말일에 여호와의 전의 산이 모든 산꼭대기에 굳게 설 것이요 모든 작은 산 위에 뛰어나리니 만방이 그리로 모여들 것이라 많은 백성이 가며 이르기를 오라 우리가 여호와의 산에 오르며 야곱의 하나님의 전에 이르자 그가 그의 길을 우리에게 가르치실 것이라 우리가 그 길로 행하리라 하리니 이는 율법이 시온에서부터 나올 것이요 여호와의 말씀이 예루살렘에서부터 나올 것임이니라 그가 열방 사이에 판단하시며 많은 백성을 판결하시리니 무리가 그들의 칼을 쳐서 보습을 만들고 그들의 창을 쳐서 낫을 만들 것이며 이 나라와 저 나라가 다시는 칼을 들고 서로 치지 아니하며 다시는 전쟁을 연습하지 아니하리라(사 2:2-4)

3) 남은 자 사상(미 4:6-8; 7:8-20)

아모스나 이사야처럼, 미가에게서도 남은 자 사상을 찾아 볼 수 있다. 남은 자 사상은 하나님께서 이스라엘의 죄를 심판하시되 아주 멸하지 않으시고, 남은 자를 두셔서 그들을 통해 다시 회복의 역사를 일으키신다는 구원의 메시지이다.

나훔

1. 역사적 배경

나훔서는 주로 아시리아 제국의 수도 니느웨의 멸망을 예언하는 예언서이다. 니느웨의 회개와 구원에 대한 메시지를 담은 요나서와는 달리 나훔서는 니느웨의 멸망에 대한 심판 메시지를 담고 있다. 나훔은 아시리아의 수도 니느웨가 아직 망하지 않았을 때 아시리아의 멸망을 선포한다. 아시리아 제국은 그 잔혹함으로 악명이 높았다. 정복한 민족들에게 가혹한 형벌과 학대를 가하며, 피지배 민족들의 저항을 억압했다.

> 화 있을진저 피의 성이여 그 안에는 거짓이 가득하고 포악이 가득하며 탈취가 떠나지 아니하는도다(나 3:1)

나훔 3장 8절에 아시리아의 이집트 노아몬(테베) 정복과 아시리아의 멸망이 언급된 것을 보면, 나훔서가 기록된 시기는 니느웨 멸망 직전 혹은 그 무렵으로 추정된다. 니느웨는 주전 612년에 바빌로니아와 메디아 연합군에 의해 멸망했는데, 나훔서의 예언은 바로 이 사건을 예고하고 있다. 따라서 나훔이 예언 활동을 한 시기는 대략 주전 650년에서 주전 612년 사이로 추정된다.

나훔서가 기록된 시기에 유다는 아시리아의 압제 아래 있었다. 히스기야 왕 때 유다는 아시리아의 침략을 받아 심각한 위협을 받았으며, 이로 인해 많은 고통을 겪었다. 그러나 히스기야가 하나님을 의지하면서 기적적으로 예루살렘은 아시리아의 대대적인 공격에서 구출되었다(열왕기하 19장). 나훔 1장 7절은 아시리아의 산헤립이 예루살렘을 포위했다가 정복하지 못하고 돌아간 사건을 언급하고 있는 것으로 보인다.

> 여호와는 선하시며 환난 날에 산성이시라 그는 자기에게 의뢰하는 자들을 아시느니라(나 1:7)

나훔의 뜻은 '위로'인데, 앗수르의 심판이 유다에게는 위로가 된다는 의미다. 나훔은 엘고스 사람이다. 엘고스는 유다 혹은 갈릴리 부근의 한 지방일 것으로 추측되지만, 정확하게 어느 지역을 말하는지 아직 모른다. 신약성경에 나오는 가버나움은 "나훔의 마을"이라는 뜻이다. 가버나움이라는 이름이 "나훔의 마을"이라는 뜻을 가지고 있기 때문에, 이를 근거로 가버나움이 나훔 예언자와 연관이 있을 것이라 추측하기도 하지만, 성경이나 역사적 자료에서 둘 사이의 직접적인 연관성을 보여주는 것은 아무것도 없다.

2. 내용분석

1장: 니느웨의 심판과 유다의 구원

"니느웨에 대한 경고"(나 1:1)로 시작하면서 하나님이 심판의 주체임을 명시한다. 나훔 1장 2-9절은 히브리어 알파벳 순서에 따라 기록된 시 형식으로 되어 있다. 이 형식은 아크로스틱 시(acrostic poem)이다. 히브리어 알파벳 22자를 순서에 따라 기록한 아크로스틱 시는 시편(시 9편과 10편; 25편; 34편; 37편; 111편과 112편; 119편; 145편)과 예레미야 애가에서도 볼 수 있다. 나훔은 여기서 하나님의 심판을 통한 완전한 정의 실현을 강조한다.

나훔 1장 10-15절은 니느웨에 대한 하나님의 심판이 임박했음을 선언하면서, 그들의 악행이 더 이상 용납되지 않을 것을 경고한다. 동시에 유다 백성에게는 하나님의 구원이 약속된다. 니느웨의 심판은 곧 유다의 구원이다. 나훔 1장 15절에 "아름다운 소식을 알리고 화평을 전하는 자의 발"은 하나님의 승리와 구원을 전포하는 전령을 뜻한다. 사도 바울은 로마서 10장 15절에서 이 말씀을 인용하면서 복음전파를 강조하였다. 사도 바울에게 있어서 "아름다운 소식"은 복음을 의미한다.

2장: 니느웨의 멸망에 대한 예언

니느웨의 군사적 함락과 파괴에 대한 상세한 묘사를 하고 있다. 아시리아는 무너지고, 니느웨는 온갖 약탈을 당한다. 나훔은 니느웨를 "죽임을 당하는 사자"라고 조롱하면서 멸망의 심판을 선고한다.

> 만군의 여호와의 말씀에 내가 네 대적이 되어 네 병거들을 불살라 연기가 되게 하고 네 젊은 사자들을 칼로 멸할 것이며 내가 또 네 노

략한 것을 땅에서 끊으리니 네 파견자의 목소리가 다시는 들리지 아니하리라 하셨느니라(나 2:13)

3장: 니느웨의 죄악과 심판 이유

나훔은 "화있을진저 피의 성이여"(나 3:1)라고 하면서 니느웨의 폭력과 악행에 대해 낱낱이 고발한다. 나훔서 1장 1-3절은 장례식 애가의 양식으로 니느웨가 죽은 것이나 다름없다고 조롱한다. 나훔은 니느웨가 그들의 교만과 악행으로 인해 하나님의 철저한 심판을 받을 것이며, 백성들은 흩어지고 상처는 고칠 수 없어 다시는 회복되지 못할 것임을 강조한다.

3. 주요 메시지

나훔은 여호와를 모든 나라의 주로 인정하고 아시리아를 유다의 심판도구로 사용하였다는 점에서 다른 예언자들과 맥락을 같이 한다. 그러나 아시리아의 멸망이 유다의 구원이라는 나훔의 예언은 민족주의적 색채를 가진 낙관적 예언이라고 볼 수 있다. 신학적으로 볼 때 하나님은 악을 결코 간과하지 않으시며, 그의 심판은 정의롭고 필연적이다. 아시리아와 같은 강대국도 하나님의 심판을 피할 수 없다. 하나님은 자연과 역사를 통치하시는 주권자이시며, 하나님의 계획은 반드시 성취된다.

모든 권세와 민족은 하나님의 통치 아래 있으며, 하나님의 공의는 반드시 실현되기에 하나님의 경고를 무시하고 교만하게 행동하는 자들은 결국 멸망할 수밖에 없다. 나훔의 예언에서 니느웨가 멸망할 수밖에 없었던 것은 니느웨가 이스라엘의 적국이기 때문이 아니라, 회개하지 않고 온갖 악을 행하는 교만함 때문이었다. 전능하신 하나님은 이스라엘이든 이방인이든 그들의 죄를 책망하시며, 회개하지 않는 교만함을 심판하시는 의로우신 분이시다.

하박국

1. 역사적 배경

나훔 예언자는 니느웨를 향한 심판 메시지를 통해 아시리아의 멸망을 예언하였지만, 아시리아를 멸망시킨 바빌로니아에 대해서는 아직 몰랐던 것 같다. 그러나 하박국 예언자는 1장 6절에서 바빌로니아 사람을 가리키는 갈대아 사람을 언급하고 있는데, 이는 하박국이 나훔보다 약간 후대에 활동했던 예언자였음을 보여준다.

하박국 예언서의 역사적 배경은 주로 유다 왕국 말기, 특히 바빌로니아가 신흥 강대국으로 부상하고 있던 시기로, 하박국은 갈대아 사람들이 아시리아를 칠 것이라고 예언하였다. 당시 유다는 아시리아 제국의 영향력에서 벗어나고 있었지만, 정치적인 부패와 불의로 크게 타락하고 영적으로도 크게 쇠퇴하던 시기였다.

하박국은 '포옹하다'는 뜻이다. 하박국은 외국을 공격하는 예언을 선포한 직업 예언자였다. 예루살렘 성전을 중심으로 활동하며, 성전에서 환상을 보았고, 성전에서 하나님의 말씀을 선포하였다. 당시 예레미야가 유다의 멸망에 대한 비관적인 예언을 할 때, 하박국은 유다가 구원받게 되리라는 낙관적인 예언을 하였다.

2. 내용분석

하박국서는 다른 예언서와 달리 대화 형식으로 되어 있는 독특한 구조를 가지고 있다. 일반적으로 예언서들은 하나님의 말씀을 선포하는 방식으로 기록되지만, 하박국서는 예언자 하박국과 하나님 사이의 질문과 응답의 대화로 이루어져 있다는 점에서 독특하다.

1) 1:2-4: 하박국의 첫 번째 질문

하박국은 유다 사회 내부의 폭력, 불법, 부패 등을 언급하며, 의인이 고통을 겪고 악인이 형통하는 상황을 비판한다. 회개하고 구원받기를 간구하는 데도 세상은 달라지지 않고, 백성들이 고통당하는 것에 대해 탄식한다. 이러한 사회적 부패와 타락은 유다 왕국 말기의 상황이었다.

바빌로니아는 주전 612년에 아시리아의 수도 니느웨를 함락시키며 강력한 세력으로 떠오른다. 주전 605년에는 갈그미스 전투에서 바빌로니아가 이집트와 아시리아 연합군대를 물리치면서 팔레스타인과 시리아 지역까지 영향력을 확대하였다. 이때 유다는 바빌로니아와 이집트 사이에서 정치적 혼란에 빠지게 되며, 바빌로니아로부터 위협을 강하게 느끼게 된다. 하박국은 유다의 타락과 부패를 지적하며, 왜 하나님이 이 상황을 방관하시는지 묻는다. 그는 왜 정의가 실행되지 않으며, 왜 불의가 지배하는지에 대해 질문한다.

2) 1:5-11: 하나님의 대답

하박국의 질문에 대해 하나님은 "갈대아 사람을 일으키리라"(6절)고 대답한다. 하나님은 갈대아인을 심판의 도구로 사용하여 유다를 징벌할 계획이라고 하신다.

3) 1:12-17: 하박국의 두 번째 질문

하박국의 의문은 계속된다. 바빌로니아가 유다보다도 더 잔인하고 불의한 민족인데, 왜 하나님은 그들을 심판의 도구로 사용하시는가? 하박국은 악인이 의로운 사람을 삼키는 것에 대해 탄식하면서, 유다가 죄를 범했다고 하나, 어떻게 더 악한 사람들을 들어 삼키게 하느냐고 묻는다. 하박국은 하나님의 정의를 질문하며, 왜 악이 형통하고 의인이 고통을 받는지 묻는다. 이것이 바로 신정론(theodicy)의 문제이다.

4) 2:1-4: 하나님의 대답

하나님은 "신탁을 판에 새겨둘 것을 명하고, 그것이 실현될 날을 기다리라"고 응답하면서, 이 묵시는 정한 때가 있나니 더딜지라도 기다리면 반드시 응답될 것이라고 하신다. 그러면서 "의인은 그의 믿음으로 말미암아 살리라"(합 2:4)고 말씀하신다.

5) 2:5-17: 다섯 번의 "화 있을진저."

a. 탐욕과 약탈에 대한 경고

화 있을진저 자기 소유 아닌 것을 모으는 자여(합 2:6)

바빌로니아 제국의 정복전쟁에 의한 약탈과 착취에 대한 경고이다.

b. 부정한 이익을 통해 세운 권력에 대한 경고

자기 집을 위하여 부당한 이익을 취하는 자에게 화 있을진저(합 2:9)

c. 폭력으로 세운 성읍에 대한 경고

피로 성읍을 건설하며 불의로 성을 건축하는 자에게 화 있을진저(합 2:12)

d. 음모와 악행을 조장한 자들에 대한 경고

이웃에게 술을 마시게 하되 자기의 분노를 더하여 그에게 취하게 하고 그 하체를 드러내려 하는 자에게 화 있을진저(합 2:15)

"술을 마시게 하는 자"는 사람들을 유혹하고 악으로 이끄는 자들을 상징한다. 이는 바빌로니아가 다른 민족들을 도덕적으로 타락시키고, 그들을 억압하며 부끄러움을 드러나게 했다는 비유적 표현이다.

e. 우상숭배에 대한 경고

나무에게 깨라 하며 말하지 못하는 돌에게 일어나라 하는 자에게 화 있을진저(합 2:19)

바빌로니아는 나무와 돌로 만든 우상들을 섬기며, 그들에게 도움을 구하지만 이러한 우상들은 아무런 힘도 없고, 그들을 구원할 수 없다.

6) 3장: 하박국의 기도

하박국은 찬양과 경외심을 갖고 기도하면서 하나님에 대한 온전한 신뢰를 보여준다.

> 여호와여 주는 주의 일을 이 수년 내에 부흥하게 하옵소서 이 수년 내에 나타내시옵소서 진노 중에라도 긍휼을 잊지 마옵소서(합 3:2)

이 말씀은 하나님의 일하심에 대한 확신을 갖고 기도하면서 고난 중에도 하나님의 구원을 신뢰해야 한다는 것을 보여준다. 하박국은 자연 현상(지진, 홍수, 번개)을 사용해 하나님의 능력을 강조하고 있는데(6-11절), 이것은 하나님이 창조 세계를 다스리시는 분이며, 모든 만물이 하나님의 권세 아래에 있음을 나타낸다. 13절에 "주의 백성을 구원하시려고" 나오신다는 말씀은 하나님이 역사 속에서 구원의 일을 행하신 분이라는 확신을 갖고 현재의 고난 속에서도 하나님이 여전히 구원하실 것이라는 믿음의 고백이다. 그리고 하박국은 비록 모든 것이 무너지고 아무런 결실도 없는 고난 중에 있을 때라도 하나님을 신뢰하는 믿음을 결코 저버리지 않겠다는 다짐을 한다.

> 비록 무화과나무가 무성하지 못하며 포도나무에 열매가 없으며 감람나무에 소출이 없으며 밭에 먹을 것이 없으며 우리에 양이 없으며 외양간에 소가 없을지라도 나는 여호와로 말미암아 즐거워하며 나의 구원의 하나님으로 말미암아 기뻐하리로다.(합 3:17-18)

4. 주요 메시지

하박국은 유다가 당하고 있는 고난에 대한 진지한 물음을 통해, 고난에 "신실함으로 대처할 것"을 말한다. 하박국은 유다가 잘못을 범한 것은 인정하지만, 그러나 하나님의 백성인 유다의 잘못을 벌하기 위해 더 악한 이방인 바빌로니아 사람을 심판의 도구로 사용하는 것에 의문을 제기한다. 이는 "왜 의로운 사람이 고통을 당하는가?"라는 문제로 씨름한 욥기와 같은 신정론(神正論, Theodicy)의 문제이다. 하나님의 백성이 악인에 의해 고통을 당하는 문제에 대한 대답은 "의인은 그의 믿음으로 말미암아 살리라"(합 2:4)는 말씀이다.

하박국 2장 4절 "의인은 그의 믿음으로 말미암아 살리라"는 말씀은 어떤 불의한 상황 속에서도 하나님에 대한 믿음을 끝까지 지키라는 것이다. 하박국 3장에 "비록 무화과나무가 무성하지 못하며 포도나무에 열매가 없으며 감람나무에 소출이 없으며 밭에 먹을 것이 없으며 우리에 양이 없으며 외양간에 소가 없을지라도 나는 여호와로 말미암아 즐거워하며 나의 구원의 하나님으로 말미암아 기뻐하리로다"(합 3:17-18)라는 하박국의 기도는 어떤 불합리한 현실 속에서도 하나님을 향한 신뢰를 잃어버리지 않겠다는 고백이라고 할 수 있다.

하박국 예언자의 "의인은 그의 믿음으로 말미암아 살리라"는 말씀은 사도 바울을 통해 구원은 유대인이 말하는 할례나 안식일 준수 등 율법적인 행위를 통해서 이루어지는 것이 아니라 믿음으로 이루어진다는 사상으로 발전하였다(롬 1:17 참고). 히브리서도 10장 38절에 "나의 의인은 믿음으로 말미암아 살리라"고 말씀하면서, 11장에서 "믿음으로 아벨은 가인보다 나은 제사를 드리고"(히 11:4), "믿음으로 아브라함은 부르심을 받았을 때에 순종하여 장래의 유업으로 받을 땅으로 나아갈 새"(히 11:8)라고 하는 등 믿음으로 구원받음을 강조하고 있다.

Tip 15

오직 믿음

로마서 1장 17절에 "오직 의인은 믿음으로 말미암아 살리라"는 말씀에서 '오직'은 원문에 없는 말이지만, 16세기 독일의 마르틴 루터(Martin Luther, 1483년-1546년)의 종교개혁 사상에 영향을 받아 첨가되었다. 마르틴 루터가 강조한 "오직 믿음"은 당시 면죄부 판매 등 그릇된 공로사상으로 타락해 가는 중세 교회를 변화시키는 종교개혁의 불씨가 되었으며, 종교개혁신앙의 핵심이 되었다.

감리교의 창시자인 존 웨슬리(John Wesley, 1703년-1791년)도 런던의 올더스게이트(Aldersgate) 거리에서 루터파 모라비안 교도들이 드리는 예배에서 사회자가 마르틴 루터의 로마서 주석을 읽는 중에 "의인은 오직 믿음으로 말미암아 살리라"는 말씀을 듣고 회심을 체험한다. 영국 국교회 목사였던 존 웨슬리는 "세계는 나의 교구(The world is my perish)"라는 모토로 산업혁명의 소용돌이 속에 있던 영국의 노동자 등 소외된 계층을 찾아 구석구석 복음을 전파하였다.

스바냐

1. 역사적 배경

스바냐 1장 1절에 따르면, 스바냐는 유다의 요시아 왕 때 예언 활동을 하였는데, 내용으로 보아 요시아가 종교개혁을 하기 이전이다. 연대적으로는 대략 주전 630년경이다. 요시아는 그의 통치 말년에 강력한 종교개혁을 시도하며, 바알 숭배와 같은 우상숭배를 제거하고, 다시 여호와 하나님을 섬기게 하는 개혁을 일으켰다. 그러나 스바냐가 예언할 당시, 유다 왕국은 아직도 우상숭배와 도덕적 타락에 깊이 빠져 있었다. 이는 스바냐가 유다의 죄에 대해 강력하게 경고하고 심판을 예언하는 배경이 되었다. 스바냐는 유다의 지도자들과 백성들이 여호와의 율법을 저버리고 우상숭배에 빠져 있는 모습을 강하게 비판한다.

스바냐가 예언하던 시기는 강력했던 아시리아 제국이 쇠퇴하던 시기였다. 아시리아 제국은 남유다와 북이스라엘에 큰 영향을 끼쳤지만, 스바냐가 예언할 즈음에는 아시리아 제국의 세력이 약화되고 있었다. 이로 인해 새로운 국제 질서가 형성되었고, 바빌로니아가 신흥 제국으로 점차 부상하고 있었다. 스바냐는 이러한 국제적 변화를 염두에 두고, 유다뿐만 아니라 이방 나라들에 대한 심판을 예언한다.

스바냐는 "여호와가 감싸주다"는 뜻이다. 스바냐의 계보는 히스기야의 현손으로 4대까지 소개되어 있어서 그의 집안이 명문가인 것을 보여준다. 스바냐의 아버지는 구시로 명시되어 있는데, 구시는 에티오피아 사람을 의미한다. 이 때문에 스바냐가 에티오피아 사람이 아니냐는 오해가 있는데, 일부 학자들은 이를 피하기 위해 스바냐의 조상들을 열거한 것이라고 보기도 한다.

2. 내용분석

스바냐는 예루살렘에 대한 통렬한 비판을 하면서 우상숭배와 이방 종교의 모방, 여호와의 진노를 의심하는 자들에 대한 심판을 선포한다.

1) 1장: 유다와 예루살렘에 대한 하나님의 심판

스바냐와 그의 족보, 그리고 역사적 배경을 소개하고 우상숭배와 불순종에 대한 심판을 선언한다. 임박한 여호와의 날은 하나님의 진노의 날이라고 경고한다.

> 그날은 분노의 날이요 환난과 고통의 날이요 황폐와 패망의 날이요 캄캄하고 어두운 날이요 구름과 흑암의 날이요(습 1:15)

2) 2장: 회개의 촉구와 이방 민족들에 대한 심판

분노의 날이 임하기 전 "여호와를 찾으며 공의와 겸손을 구하라"(합 2:3)라고 하면서, 블레셋 도시국가들(4-7절), 모압과 암몬(8-11절), 구스(12절), 아시리아와 니느웨(13-15절) 등 주변의 이방 민족들에 대한 심판 예언을 한다.

3) 3장: 심판과 회복

스바냐는 부패와 불의로 가득차서 황폐하게 될 것이라는 심판의 메시지에도 불구하고 예루살렘이 끝까지 돌이키지 않는다고 비판한다.

> 내가 이르기를 너는 오직 나를 경외하고 교훈을 받으라 그리하면 내가 형벌을 내리기로 정하기는 하였지만 너의 거처가 끊어지지 아니하리라 하였으나 그들이 부지런히 그들의 모든 행위를 더럽게 하였느니라(습 3:7)

하나님은 세상 모든 민족이 여호와의 이름을 부르며 함께 섬기는 비전을 제시하시면서 수치와 죄에서 벗어난 이스라엘의 남은 자들을 다시 모으시고 그들이 명성과 칭찬을 얻게 될 것을 약속한다.

3. 주요 메시지

1) 여호와의 날

스바냐 예언자는 여호와의 날이 하나님의 분노의 날이요 정의를 실현하는 날이라고 선포함으로써 이사야, 아모스, 미가의 입장을 따르고 있다. 여호와의 날은 죄악에 대한 하나님의 분노가 임하는 날로 이스라엘 백성만이 아니라 온 세상을 향한 심판의 날이다. 스바냐는 임박한 심판 속에서도 회개를 촉구하며 하나님의 긍휼을 구할 수 있는 기회를 제시한다. 특히 스바냐 2장 3절에서 "여호와의 규례를 지키는 모든 겸손한 자들"에게 회개를 촉구하고, 그들이 하나님의 심판을 면할 수 있을 가능성을 언급한다. 여호와의 날은 죄를 심판하는 날인 동시에 겸손하여 회개하는 자들에게는 궁극적인 구원의 날이 된다. 회개는 단순한 종교적 의무가 아니라 하나님의 심판으로부터 구원받을 수 있는 유일한 길이다.

2) 남은 자 사상

스바냐의 남은 자 사상(습 3:9-20)은 하나님의 심판이 끝이 아니라 회복의 시작임을 말한다. 스바냐에게서 남은 자들이란 "겸손하고 하나님을 신뢰하며 거짓이 없는 순결한 사람들"(습 3:12-13)이다. 하나님의 심판 이후에 남은 자들을 하나님께서 다시 모으시고, 그들이 새롭게 하나님과의 관계를 회복하게 될 것이다(습 3:9-10). 예루살렘은 다시 회복되고 하나님은 이스라엘 백성들을 다시 모으시고, 그들의 수치를 씻어주시며, 명성과 칭찬을 얻게 해 주실 것이다(습 3:14-20).

특히 스바냐 3장 18-20절을 영어 성경(NIV)으로 보면, "I will"이라는 표현이 다섯 번 반복됨으로써 하나님께서 남은 자들을 모으며 행하실 일들을 강조하고 있다.

(1) "The sorrows for the appointed feasts I will remove

from you" (18절)

개역개정에는 "내가 절기로 말미암아 근심하는 자들을 모으리니"라고 되어 있는데, "정한 절기를 잃어버린 애통함을 너희에게서 제하여 버리겠다"는 뜻이다. 하나님께 드려야 할 절기를 제대로 지킬 수 없게 된 고통을 덜어주겠다는 하나님의 약속이다. 하나님은 절기나 예배의 상실로 인해 슬퍼하는 자들에게 위로를 약속하신다.

(2) "I will deal with all who oppressed you" (19절)

"그 때에 내가 너를 괴롭게 하는 자를 다 벌하고"

하나님은 유다 백성을 괴롭힌 자들, 그들을 압제한 모든 사람들을 하나님께서 직접 심판하심으로써 공의를 행하시고, 그들의 억울함을 풀어주실 것을 확언한다.

(3) "I will rescue the lame" (19절) "저는 자를 구원하며"

육체적으로나 영적으로 약한 자들, 소외된 자들을 구원하시겠다는 하나님의 약속이다.

(4) "I will gather those who have been scattered" (19절) "쫓겨난 자를 모으며"

하나님은 흩어진 자들, 포로로 끌려간 자들을 다시 모으시겠다고 약속하신다. 하나님은 흩어진 자들을 다시 모으시고 그들의 공동체를 회복시켜 주실 것이다.

(5) "I will give you honor and praise among all the peoples of the earth" (20절)

"너희에게 천하 만민 가운데서 명성과 칭찬을 얻게 하리라"

하나님은 예루살렘과 유다 백성의 명예를 회복하여 주심으로써 이전에 수치를 당하고 억압받았던 하나님의 백성들이 이제는 전 세계 모든 민족들 가운데에서 영광과 존경을 받게 될 것이라 약속하신다. 이것은 단순한 회복을 넘어서 하나님께서 친히 당신의 백성을 높여주시고, 그들이 하나님의 특별한 사랑을 받는 자들이라는 것을 온 세상이 알게 하겠다는 선언이다.

학개

1. 역사적 배경

주전 539년 페르시아의 고레스 왕이 바빌로니아를 정복한 후 바벨론 포로민의 귀향에 대한 칙령을 발표하였다. 고레스의 칙령에 따라 주전 537년 스룹바벨의 인도 아래 1차 포로민 귀환이 이루어진다(슥 1:1-11). 에스라 2장 64절 이하에 보면, 이때 약 오만 명에 가까운 포로민이 예루살렘에 돌아온다. 스룹바벨은 페르시아 왕이 임명한 예루살렘의 총독이며, 대제사장은 여호수아였다. 주전 535년 귀향한 포로민에 의한 예루살렘 성전의 재건이 시작되었지만, 방해자들의 책동(슥 3, 4장)과 페르시아 왕을 모반한다는 거짓 고소가 들어가 건축이 중단된다(슥 4:4).

그리고 15년이 흐른 다리오 왕 2년(주전 520년) 6월 1일에 "성전을 재건하라"는 하나님의 말씀이 학개에게 임한다. 6월 24일에 성전 재건이 시작되었다(학 1:15, 슥 5:1-12). 성전 재건이 중단된 지 15년 만에 다시 공사가 시작된 것이다. 이어 7월 21일에 학개에게 두 번째 하나님의 말씀이 임하고(학 2:1), 9월 24일에 학개에게 세 번째 하나님의 말씀이 임한다(학 2:10). 예루살렘 성전은 주전 515년 아달월 3일에 완공되었다(슥 6:15).

학개는 '축제', '나의 기쁨의 절기'라는 뜻이며, 바벨론 포로에서 돌아온 포로민 중의 한 사람이다. 귀향한 포로민의 명단과 관련한 에스라 5장 1절과 6장 14절에 학개의 이름이 나온다.

2. 내용분석

1) 1장: 첫 번째 메시지

성전 재건이 중단된 지 15년이 지났을 때 "이 성전이 황폐하였거늘 너희만 어떻게 판벽한 집에 거할 수 있느냐"(학 1:4)며, 성전 재건을 촉구하는 하나님의 메시지가 학개에게 임하였다.

2) 2:1-9: 두 번째 메시지

학개는 포로민에 의해 다시 재건될 성전은 옛 솔로몬 성전과 비교해 볼 때 외모는 보잘 것 없지만, 장차 나타날 영광은 결코 솔로몬 성전이 따르지 못할 것이라고 위로한다.

3) 2:10-19: 세 번째 메시지

학개는 제사의식만으로는 복을 받을 수 없고 성전 재건에 대한 하나님의 뜻에 순종하는 이에게 복이 임할 것이라고 선포한다.

4) 2:20-23: 유다 총독 스룹바벨을 통한 메시아의 도래

학개는 스룹바벨이 하나님의 도장(인장)과 같은 역할을 할 것이라 선포하는데, 이는 스룹바벨이 다윗 왕조의 계승자임을 밝히며, 그를 통해 예수 그리스도께서 오실 것을 예표한다.

3. 주요 메시지

학개는 15년 동안이나 중단되었던 성전 재건 공사 재개를 촉구한다. 학개는 백성들이 자신의 집과 생계를 우선시하면서 성전은 허물어진 채로 방치하고 있는 영적 무관심을 책망하면서 그들의 삶을 하나님께 맞추도록 한다.

학개는 귀환한 백성들이 겪는 경제적 어려움이나 자연 재해는 하나님과의 관계를 소홀히 한 결과 때문이라고 보면서, 하나님은 언약에 신실하신 분으로 성전 재건을 통해 예배를 회복해야 함을 강조한다. 학개의 성전 재건 촉구는 하나님과의 관계가 최우선임을 말하는 것으로 백성들은 성전을 건축하여 하나님의 영광을 드러내야 한다. 성전은 지체 없이 재건되어야 하며, 새 성전의 재건이 곧 새 세대의 시작이다. 성전 재건은 단순히 건물을 짓는 행위가 아니라, 하나님을 중심으로 한 신앙과 삶의 회복을 의미한다.

학개는 왕국시대의 솔로몬 성전과 비교해 볼 때 재건된 성전이 외적으로는 초라해 보일지 모르지만, 재건된 성전을 통한 하나님의 영광이 솔로몬 성전의 영광보다 더 크게 될 것을 예언하면서 백성들을 격려한다(학개 2:9). 솔로몬 성전은 왕의 권위와 능력으로 건축하였지만, 재건된 성전은 포로생활에서 귀향한 백성들이 합심하여 건축한 것이기에 그 의미가 남다르다고 할 수 있다. 더 나아가 하나님의 영광이 이전 성전보다 더 크게 될 것이라는 학개의 예언은 메시아의 도래나 하나님의 영원한 왕국의 성취를 암시하는 것으로 해석하기도 한다.

학개는 하나님을 섬기는 데 있어서 거룩함과 정결함의 중요성을 강조하면서, 학개는 한때 이스라엘 백성이 부정하였던 일과 예물의 예를 들면서(학 2:10-14) 과거에 겪었던 어려움이 하나님의 징계임을 지적하고, 이제 하나님께서 다시 복을 주실 것이라고 선포한다.

너희는 오늘 이전을 기억하라 아홉째 달 이십사일 곧 여호와의 성전 지대를 쌓던 날부터 기억하여 보라 곡식 종자가 아직도 창고에 있느냐 포도나무, 무화과나무, 석류나무, 감람나무에 열매가 맺지 못하였느니라 그러나 오늘부터는 내가 너희에게 복을 주리라(학 2:18-19)

스가랴

1. 역사적 배경

스가랴는 학개와 거의 같은 시대로 좀 더 오랫동안 예언활동을 하였다(주전 520년-518년). 스가랴는 "여호와께서 기억하신다"는 뜻으로 베레갸의 아들이며 잇도의 손자(슥 1:1.7)이다. 바빌로니아에서 귀환한 제사장 명단에 스가랴의 할아버지 잇도가 나온다(느 12:4.16). 스갸랴는 제사장 가문 출신으로 귀족계층에 속하였다. 학개의 예언이 성전 재건에 집중한 것이라면, 스가랴의 예언은 종말의 메시아 대망에 중점을 두고 있다.

2. 내용분석

스가랴는 크게 셋으로 구분되는데 1-8장과 9-11장, 그리고 12-14장이다. 학자들 중에는 9-14장을 주전 4세기말-3세기 전반의 작품으로 보는 이들도 있다.

1) 1-8장: 회개의 촉구와 환상들

a. 1:1-6: 선조들의 악을 본받지 말고, 전심으로 하나님을 경외하라.

b. 1:7-6:15: 스가랴가 본 8가지 환상들

(1) 여러 색깔의 말들 (슥 1:7-17): 붉은 말, 밤색 말, 흰색 말이 골짜기 속 화석류 나무 사이에 서 있다. 하나님은 온 땅을 살피시며 이스라엘이 여전히 고난받고 있음을 알게 하시며, 하나님은 예루살렘을 다시 회복시키겠다고 약속하신다.

(2) 네 뿔과 네 공장 (슥 1:18-21): 네 뿔은 이스라엘을 흩뜨린 세력을 상징하며, 네 공장이 그들을 쳐서 무너뜨린다. 이스라엘을 압제하던 이방 세력(네 뿔)이 심판받고 제거될 것임을 예고한다.

(3) 측량줄을 잡은 사람 (슥 2:1-13): 한 사람이 예루살렘을 측량하려 한다. 예루살렘이 다시 번성하고 하나님의 보호 속에 안전할 것임을 예언하는 것이다.

(4) 대제사장 여호수아의 정결 (슥 3:1-10): 대제사장 여호수아가 더러운 옷을 입고 서 있다가 깨끗한 옷으로 갈아입는다. 죄로 더럽혀진 이스라엘이 정결케 될 것이며, 하나님이 그들을 용서하시고 회복하실 것임을 상징한다.

(5) 순금 등잔대와 두 감람나무 (슥 4:1-14): 순금 등잔대와 양옆에 두 감람나무(기름부음을 받은 자들)가 서 있다. 총독 스룹바벨과 대제사장 여호수아가 하나님의 능력으로 성전을 재건할 것이다.

(6) 날아가는 두루마리 (슥 5:1-4): 큰 두루마리가 날아가면서 죄악을 심판한다. 이스라엘의 죄악(도둑질과 거짓 맹세)을 심판하시고 정결하게 하실 것임을 예고한다.

(7) 에바 속의 여인 (슥 5:5-11): 에바는 한 바구니에 들어갈

양으로 대략 22리터 정도 된다. 에바 속에 여인이 갇혀 있으며, 악이 시날 땅으로 옮겨진다. 이스라엘의 죄악이 제거되고 악이 심판받아 멀리 추방될 것임을 의미한다.

(8) 네 병거 (슥 6:1-8): 네 병거가 하늘의 네 바람처럼 온 땅으로 나아간다. 하나님의 영이 온 세상을 다스리고 평화를 가져올 것임을 나타낸다.

c. 7-8장: 금식에 관한 내용

스가랴 7장 5절에서 하나님은 "온 땅의 백성과 제사장들에게 이르라 너희가 칠십 년 동안 다섯째 달과 일곱째 달에 금식하고 애통하였거니와 그 금식이 나를 위하여, 나를 위하여 한 것이냐"라고 하시며, 이것이 다 너희를 위한 것이 아니냐고 책망한다. 하나님은 금식을 하는 것보다 바르게 사는 것을 중요시한다.

만군의 여호와가 이같이 말하여 이르시기를 너희는 진실한 재판을 행하며 서로 인애와 긍휼을 베풀며 과부와 고아와 나그네와 궁핍한 자를 압제하지 말며 서로 해하려고 마음에 도모하지 말라(슥 7:9-10)

스가랴의 금식에 관한 메시지는 이사야의 금식에 관한 메시지와 일맥상통한다.

내가 기뻐하는 금식은 흉악의 결박을 풀어 주며 멍에의 줄을 끌러 주며 압제 당하는 자를 자유하게 하며 모든 멍에를 꺾는 것이 아니겠느냐 또 주린 자에게 네 양식을 나누어 주며 유리하는 빈민을 집에 들이며 헐벗은 자를 보면 입히며 또 네 골육을 피하여 스스로 숨지 아니하는 것이 아니겠느냐(사 58:6-7)

Tip 16

네 가지 금식(슥 8:19)

1. 4월의 금식: 시드기야 왕 4월 9일(주전 586년)에 느부갓네살의 군대가 예루살렘을 정복한 사건을 기억하여 지킨 금식을 가리킨다(왕하 25:3, 4). 동틀 때부터 해질 때까지 소(小)금식을 한다.
2. 5월의 금식: 아브월 9일 바빌로니아 왕 느부갓네살이 예루살렘 성전과 왕궁을 파괴한 사건을 기억하여 지키는 금식을 가리킨다(왕하 25:8, 9; 렘 52:12, 13). 이스라엘의 역사상 가장 슬픈 날로 해질 때부터 그다음 날 해질 때까지 대(大)금식을 한다. 대금식에는 먹는 것, 마시는 것, 씻는 것, 기름이나 향수 뿌리는 것, 가죽신 신는 것, 부부관계를 금하며 심지어 토라도 오직 예레미야 애가, 욥기 등 슬픈 내용만 읽는다.
3. 7월의 금식: 티슈리월 3일 바빌로니아에 의해 유다 총독으로 세워진 그달리야가 암살된 사건을 기억하여 지키는 금식이다. 이 사건으로 바빌로니아는 다시 예루살렘을 침공하였으며, 많은 사람이 이집트로 피난을 갔다(왕하 25:25; 렘 41:1-3).
4. 10월의 금식: 주전 588년 예루살렘이 포위되기 시작한 날을 기억하여 지키는 금식으로 소금식을 한다.

2) 9-11장: 메시아 예언

a. 9-10장: 메시아의 도래와 통치 - 나귀새끼를 타고 오시는 왕

b. 11장: 배척받는 메시아 - 은전 30냥에 팔릴 것(슥 11:13)

3) 12-14장: 예루살렘의 구원과 회복

여기서 스가랴 예언자는 '그날에'라는 표현을 통해 종말론적 의미를 부각하고 있다.

a. 12장: 예루살렘의 승리와 회개의 역사

b. 13장: 예루살렘 정화

c. 14장: 메시아 왕국의 수립

3. 주요 메시지

스가랴서는 포로기 이후(주전 520년~518년경) 성전 재건과 종말론적 소망을 다루고 있는데, 귀환한 포로민을 격려하고, 하나님과 백성 사이의 관계 회복에 대한 비전을 담고 있다.

1) 하나님의 신실하심과 성전 재건

스가랴는 이스라엘이 과거의 잘못과 실패에도 불구하고 회개하고 돌이키면 회복시켜 주시는 하나님을 강조한다.

> 너희는 내게로 돌아오라 그리하면 나도 너희에게로 돌아가리라(슥 1:3)

스가랴는 회복의 기초로 회개를 요청하면서 조상들의 죄를 반복하지 말 것을 경고하고, 포로에서의 귀환은 단지 육체적인 것이 아니라 영적인 것이어야 한다고 강조한다. 또한 성전 재건은 우리의 힘으로만 하는 것이 아니라 하나님의 영으로 이루어진다는 것을 선포한다.

> 만군의 여호와께서 말씀하시되 이는 힘으로 되지 아니하고 능력으로 되지 아니하고 오직 나의 영으로 되느니라(슥 4:6)

그리고 진정한 회복은 외적인 건물의 완성이 아니라 도덕적이고 영적인 내적 변화에 있음을 강조하면서 정의를 구현하고 자비를 베풀며 하나님의 말씀에 순종할 것을 요구한다.

> 진실한 재판을 행하며 서로 인애와 긍휼을 베풀며(슥 7:9)

스가랴는 하나님이 "시온에 돌아와 예루살렘 가운데에 거하리니 예루살렘은 진리의 성읍이라 일컫겠고 만군의 여호와의 산은 성산이라 일컫게 되리라"(슥 8:3)는 약속을 선포하며, 하나님의 구원과 통치가 이스라엘뿐만 아니라 온 세계로 확장될 것이며 많은 나라 사람들이 하나님을 찾게 될 것이라고 예언한다(슥 8:20-23).

> 많은 백성과 강대한 나라들이 예루살렘으로 와서 만군의 여호와를 찾고 여호와께 은혜를 구하리라(슥 8:22)

2) 싹과 두 감람나무

성전은 하나님 임재를 상징하며, 성전 재건은 하나님과의 관계 회복의 중심이다. 스가랴는 "싹이라 이름하는 사람이 자기 곳에서 돋아나서 여호와의 전을 건축하리라"(슥 6:12)고 예언한다. '싹'은 메마른 땅에서 자라는 새싹처럼 희망과 회복, 새로운 시작을 상징하는데, 이사야가 "이새의 줄기에서 한 싹이 나며"라는 메시아 예언에서 이미 언급을 하였다. 스가랴에게서 '싹'은 바벨론 포로기 이후 이스라엘이 황폐했던 상태에서 다시 자라날 것이라는 소망과 함께 성전을 건축할 메시아적 인물로 묘사된다. 스가랴 3장 8절에 "나의 종 싹을 나게 하리라"는 말씀에서 '싹'은 구원과 회복을 이끌 하나님의 종을 일컫는다. 하나님은 성전 재건을 이끌 지도자로 총독 스룹바벨과 대제사장 여호수아를 세우셨다. 두 감람나무 환상(슥 4장)은 "기름부음 받은 자 두 사람"(슥 4:14)이 성전을 건축할 총독 스룹바벨과 대제사장 여호수아로 장차 오실 메시아의 예표이다.

> 그가 여호와의 전을 건축하고 영광도 얻고 그 자리에 앉아서 다스릴 것이요 또 제사장이 자기 자리에 있으리니 이 둘 사이에 평화의 의논이 있으리라 하셨다(슥 6:13)

두 감람나무를 통한 메시아적 이미지는 왕이신 동시에 대제사장이다. 신약성경은 스가랴의 메시아적 이미지가 예수 그리스도를 통해 성취되었다고 증언한다. 예수는 참 성전(요 2:19-21)이시고, 하나님 나라를 통치하는 왕이신 동시에 친히 희

생제물이 되셔서 하나님과 인간 사이의 중보자가 되셨다(히 7:25)

3) 메시아의 도래

스가랴는 메시아의 도래와 관련한 예언을 한 대표적인 예언자이기도 하다. 스가랴는 평화와 구원을 가져올 메시아는 겸손하면서 결국에는 승리하는 왕의 모습을 보여준다.

> 시온의 딸아 크게 기뻐할지어다. 예루살렘의 딸아 즐거이 부를지어다 보라 네 왕이 네게 임하시나니 그는 공의로우시며 구원을 베푸시며 겸손하여서 나귀를 타시나니 나귀의 작은 것 곧 나귀 새끼니라(슥 9:9)

신약성경은 스가랴의 이 예언이 예수께서 나귀를 타시고 예루살렘에 입성하심으로 성취되었다고 증언한다.

> 이는 선지자를 통하여 하신 말씀을 이루려 하심이라 일렀으되 시온 딸에게 이르기를 네 왕이 네게 임하나니 그는 겸손하여 나귀, 곧 멍에 메는 짐승의 새끼를 탔도다 하라 하였느니라(마 21:4-5)

스가랴 11장 13절에 "여호와께서 내게 이르시되 그들이 나를 헤아린 바 그 삯을 토기장이에게 던지라 하시기로 내가 곧 그 은 삼십 개를 여호와의 전에서 토기장이에게 던지고"라는 말씀에서 은 삼십 개는 목자가 받는 보수로 나온다. 은 삼십 개는 성인 노예 한 사람의 몸값이며(출 21:32), 가룟 유다가 예수를 배반한 대가로 받은 것과 같은 금액이다(마 26:15). 가룟 유다는 나중에 후회하며 은 삼십을 성전으로 가져와 대제사장과 장로들에게 던지고 자살을 하였는데, 대제사장들이 그 돈은 피값이라 성전에 두는 것이 합당치 않다며 토기장의 밭을 사서 나그네들의 묘지로 삼았다(마 27:3-10). 스가랴의 이 예언은 버림받고 배척당하신 예수의 십자가 사건과 연관된 것으로 이해하고 있으며, 스가랴 12장 10절에 "그들이 찌른 바 그를 보고"라는 말씀도 예수 그리스도의 십자가 사건을 예언한 것으로 해석한다.

4) 메시아와 감람산

스가랴 예언자는 "여호와의 날"(슥 14:1)에 예루살렘이 약탈당하고 고난을 당하지만, 완전히 멸하지 않고 남은 자를 두시며, 결국에는 여호와께서 나서서 이방 나라들을 치실 것이라고 한다. 또한 예루살렘을 구원할 메시아가 감람산으로 오실 것이라고 예언한다.

> 그 날에 그의 발이 예루살렘 앞 곧 동쪽 감람산에 서실 것이요 감람산은 그 한 가운데가 동서로 갈라져 매우 큰 골짜기가 되어서 산 절반은 북으로, 절반은 남으로 옮기고(슥 14:4)

스가랴의 예언에 따라 지금도 감람산 중턱에 많은 유대인의 무덤이 있고, 그 아래 기드론 골짜기에는 스가랴의 무덤도 있다. 감람산은 예수 그리스도와도 밀접한 관계를 갖고 있다.

예수는 감람산에서 예루살렘을 보시고 눈물을 흘리셨으며(눅 19:41-44), 마지막 때의 심판에 대해 제자들에게 설교하신 곳도 감람산이다(마 24:3). 예루살렘에 입성하신 예수는 제자들과 최후의 만찬을 하시고 감람산 중턱에 있는 겟세마네 동산에 가서 기도하신 후에 붙잡히셨다. 겟세마네 동산에는 지금도 많은 감람나무가 있다. 십자가에서 죽으셨다가 부활하신 예수께서 40일 동안 제자들과 함께 계시다가 감람산 정상에서 하늘로 승천하셨다(행 1:12).

올라가실 때에 제자들이 자세히 하늘을 쳐다보고 있는데 흰 옷 입은 두 사람이 그들 곁에 서서 이르되 갈릴리 사람들아 어찌하여 서서 하늘을 쳐다보느냐 너희 가운데서 하늘로 올려지신 이 예수는 하늘로 가심을 본 그대로 오시리라 하였느니라(행 1:10-11)

5) 종말론적 소망

하나님은 죄악을 심판하시는 공의로운 분이면서 그의 백성을 구원하시는 자비로운 분이다. 새 날이 오면, 예루살렘에서 생수의 샘이 흘러나와 동쪽과 서쪽으로 흐르고, 예루살렘은 안전하게 거하며, 다시는 멸망하지 않을 것이다. 하나님을 대적한 열국은 심판을 받게 되고 모든 민족이 하나님을 예배함으로 하나님의 통치가 온전하게 세워질 것이다.

예루살렘을 치러 왔던 이방 나라들 중에 남은 자가 해마다 올라와서 그 왕 만군의 여호와께 경배하며 초막절을 지킬 것이라(슥 14:16)

초막절은 풍성한 수확을 거두게 해 주신 하나님의 축복에 대한 감사와 함께 출애굽한 이스라엘 백성들이 40년 동안 광야에서 하나님의 보호와 인도하심을 받은 것을 기념하여 지키는 구원의 절기이다. 마지막 때가 되면, 하나님의 구원은 이스라엘뿐만 아니라 온 세상에 미치게 되며, 이방인들도 구원받은 하나님의 백성으로 성전에 올라와 초막절을 지키며 하나님의 축복을 함께 누리게 될 것이다.

예루살렘과 유다의 모든 솥이 만군의 여호와의 성물이 될 것인즉 제사 드리는 자가 와서 이 솥을 가져다가 그것으로 고기를 삶으리라 그 날에는 만군의 여호와의 전에 가나안 사람이 다시 있지 아니하리라(슥 14:21)

말라기

1. 역사적 배경

말라기는 "나의 사자(Malachi)"라는 뜻으로 그의 사명은 하나님의 메시지를 백성에게 전달하는 데 있다. 말라기는 주로 유다 백성에게 하나님의 말씀을 전하며, 그 시대의 영적, 사회적 상황을 반영하고 있다. 말라기의 사역은 바벨론 포로기 이후, 유다와 예루살렘이 페르시아 제국의 지배를 받고 있을 때에 이루어졌다(주전 450년-400년경).

바벨론 포로에서 돌아온 포로민은 학개와 스가랴의 예언에 따라 총독 스룹바벨과 대제사장 여호수아의 지도 아래 성전을 재건했지만, 즉각적인 영광과 번영이 찾아오지는 않았다. 귀향한 포로민은 성전 재건 후에도 계속되는 경제적 어려움으로 인해 하나님의 약속이 실현되지 않는다고 생각하며 절기를 지키지 않고 소홀히 하는 영적 나태함에 빠졌다. 그리고 페르시아의 지배하에 주어진 과중한 세금, 가뭄과 병충해로 인한 궁핍함 때문에 사회적으로도 문란하던 때였다.

2. 내용분석

말라기는 예언자가 하나님의 말씀을 받아 백성들에게 전달하면서 시작하는데, 전체적으로 하나님이 제사장과 백성들을 불러 질문하듯이 말씀하신다.

1) 1:1-5: 이스라엘에 대한 하나님의 사랑

여호와께서 말라기를 통해 이스라엘을 사랑한다고 말씀하시면서 에돔은 진노를 받은 백성이요 다시는 일어서지 못할 것이라고 예언한다. 에돔은 야곱의 형제인 에서의 후손이지만, 예루살렘이 멸망할 때 이를 조롱하고 기뻐하였다(오바댜서). 하나님은 에돔의 교만함을 심판함으로 "야곱은 사랑하고 에서는 미워하신다"(말 1:2-3)라는 말씀을 역사적으로 증명한다. 사도 바울은 로마서 9장 13절에서 이 말씀을 그대로 인용하고 있다.

> 기록된 바 내가 야곱은 사랑하고 에서는 미워하였다 하심과 같으니라(롬 9:13)

사도 바울은 하나님의 주권적인 선택과 관련하여 이 말씀을 인용하고 있다. 하나님이 야곱을 선택하고 에서를 선택하지 않은 것은 그들의 행위나 공로에 의한 것이 아니라 오직 하나님의 목적과 부르심에 의한 것이다. 사도 바울은 야곱이 선택된 것은 전적으로 하나님의 주권임을 강조하면서, 하나님은 행위가 아니라 믿음에 의해 이방인도 구원하실 것임을 보여준다.

2) 1:6-3:12: 종교적, 사회적 타락에 대한 하나님의 진노

a. 1:6-2:9: 하나님은 제사장들이 더럽혀진 식탁에 훔친 물

건, 저는 것, 병든 것 등 흠이 있는 제물을 드린다고 지적하면서 하나님의 이름을 멸시하는 제사장들에게 심판의 메시지를 전한다. 옳은 길에서 떠나 언약을 지키지 않는 제사장들은 멸시를 당할 것이다.

b. 2:10-16: 우상을 섬기는 이방 여인과의 결혼, 아내에게 불충실한 이혼이나 가정폭력 같은 사회적 타락에 대해 경고한다.

c. 2:17-3:15: 불의를 행하고 하나님의 것을 도적질하는 타락을 책망하면서 온전한 십일조와 봉헌물을 드릴 것을 권면한다.

3) 3:16-4:6: 마지막 때의 일들

그때에 의인은 기념책에 기록되어 하나님의 소유로 삼고 그때에 하나님을 섬기는 자와 섬기지 않는 자를 분별한다(말 3:16-17). 용광로 불같은 날이 이르러 악을 행하는 자는 다 지푸라기 같이 되고 하나님의 이름을 경외하는 사람에게는 의로운 해가 떠올라 치료하는 광선을 발한다(말 4:2). 마지막으로 여호와의 크고 두려운 날이 이르기 전에 엘리야가 와서 회개의 역사 일으킬 것(말 4:5)이라 예언하면서 말라기서를 끝맺는다.

3. 주요 메시지

말라기는 "내가 너희를 사랑하였노라"(말 1:2)는 말씀을 통해 하나님의 변함없는 사랑과 신실함을 상기시키면서 제사장들의 타락과 백성들의 영적인 무감각에 대한 회개를 촉구한다.

1) 이방 여인과의 결혼문제

말라기는 "만군의 여호와를 경외하라"(말 2:5)고 하면서 이방 여인과의 혼인을 가증한 일로 여긴다.

> 유다는 거짓을 행하였고 이스라엘과 예루살렘 중에서는 가증한 일을 행하였으며 유다는 여호와께서 사랑하시는 그 성결을 욕되게 하여 이방 신의 딸과 결혼하였으니(말 2:11)

말라기는 이방 여인과의 결혼은 곧 이방 신의 딸과 결혼하는 것이라고 하면서, 유다 백성이 이방 신을 섬기는 여인과 결혼하여 하나님의 거룩한 성소를 더럽혔다고 비판한다. 당시 이방 여인과의 결혼은 바벨론 포로 후기 공동체의 정체성과 신앙적 순수성을 지키기 위해 필요한 것이라고 보았다.

반면에 룻기의 경우, 다윗의 조상 중 룻은 이방인인 모압 여인이었음을 강조하고 있다. 성경에는 룻기의 배경이 사사시대로 되어 있지만, 룻기가 기록된 시기는 이방 여인과의 결혼이 문제가 되던 포로 후기의 시대적 상황을 반영하고 있다고 보는 학자들이 있다.

2) 이혼과 가정폭력

말라기는 하나님께서 "나는 이혼하는 것과 옷으로 학대를 가리는 자를 미워하노라"(말 2:16)고 선포하면서 이혼과 가정폭력 문제에 대해 경고한다. 결혼은 하나님 앞에서 맺어진 언약이다. 말라기는 남편이 젊은 시절의 아내를 배신하고 이혼하는 행위를 강력하게 책망한다. 이혼은 가정의 파괴뿐 아니라 하나님과의 언약을 깨뜨리는 것이다. "옷으로 학대를 가리는 자"(말 2:16)는 가정폭력을 말한다. 가정폭력은 하나님의 형상대로 창조된 돕는 베필인 아내에 대한 범죄로, 하나님의 심판의 대상이다. 말라기의 이혼과 가정폭력에 관한 문제는 당시의 남자들에게 경고한 것으로 자기 임의로 이혼하거나 아내를 학대하는 것을 금한 것이다.

3) 십일조

말라기 예언자는 특별히 십일조와 봉헌물은 하나님의 것임을 강조하면서 십일조를 통해 하나님께서 무한한 축복을 주신다고 선포한다.

> 만군의 여호와가 이르노라 너희의 온전한 십일조를 창고에 들여 나의 집에 양식이 있게 하고 그것으로 나를 시험하여 내가 하늘 문을 열고 너희에게 복을 쌓을 곳이 없도록 붓지 아니하나 보라(말 3:10)

바벨론 포로 후기 페르시아 시대 이스라엘 백성들은 예루살렘 성전을 재건하였지만, 경제적 상황이 좋지 않아 안식일이나 월삭에도 일을 하는 등 절기를 지키지 않고, 십일조나 봉헌물을 드리는 것에 있어 소홀히 하는 일이 빈번하였다. 성전에서 사역하는 레위인이 생계를 위해 성전에서 도망치는 일도 생겼다. 그 결과 성전제의가 어려운 상황에 빠지게 되었다. 말라기 예언자가 십일조와 봉헌물을 강조한 것은 성전제의를 회복하기 위한 노력이었다. 백성들이 온전히 하나님을 섬길 때 땅의 열매가 풍성해지고 진정한 복을 받게 될 것이다(말 3:11-12).

4) 예언과 성취

말라기는 "보라 내가 내 사자를 보내리니 그가 내 앞에서 준비할 것이요"(말 3:1)라고 예언하는데 마가복음은 1장 2절에 이 말씀을 인용하면서 이 예언이 세례 요한을 통해 성취되었다고 증언한다(막 1:3-5). 마가복음은 복음서 중에서 가장 먼저 쓰인 책이다. 마태복음과 누가복음이 예수의 탄생에 대한 증언으로 시작하는데 반해, 마가복음은 말라기의 예언으로 복음서를 시작한다.

그리고 말라기는 마지막 때에 있을 여호와의 날에 대한 예언으로 끝맺고 있는데(말 4:1-6), 그 예언의 말씀들이 모두 예수 그리스도와 연결되어 있다. 말라기는 미래에 있을 하나님의 심판과 구원의 날을 예언하면서 하나님의 이름을 경외하는 사람에게 치유의 역사가 임할 것을 선포한다.

> 내 이름을 경외하는 너희에게는 공의로운 해가 떠올라서 치료하는 광선을 비추리니 너희가 나가서 외양간에서 나온 송아지 같이 뛰리라(말 4:2)

여기서 "공의로운 해"는 메시아의 도래를 예고하는 상징적인 표현으로, 죄와 심판의 어둠이 끝나고 새로운 구원의 빛이 시작된다는 것이다. 이 표현은 신약성경에서 "세상의 빛"(요 8:12)으로 오신 예수 그리스도에게 적용되었다.

마지막으로 말라기는 "크고 두려운 날이 이르기 전에 내가 선지자 엘리야를 너희에게 보낼 것"(말 4:5)이라고 예언한다. 말라기의 예언대로 유대인들은 마지막 때에 엘리야가 다시 올 것을 믿고 있다. 유대인들은 특별히 엘리야가 유월절에 올 것이라고 믿고 유월절 만찬 때 다시 올 엘리야를 위한 엘리야의 잔을 식탁 중앙에 준비해 놓는다.

신약성경은 말라기가 예언한 엘리야가 바로 세례 요한이라고 증언한다.

> 모든 선지자와 율법이 예언한 것은 요한까지니 만일 너희가 즐겨 받을진대 오리라 한 엘리야가 곧 이 사람이니라.(마 11:13-14)

말라기는 구약성경의 마지막 책이요 예언서로서 신약에서 성취할 메시아의 길을 준비해 준다. 말라기는 구약의 예언과 신약의 성취라는 하나님의 구속사적 연속성을 어어주는 중요한 다리 역할을 하고 있다. 구약의 마지막 책이요 "마지막 때가 이르기 전에 엘리야가 먼저 올 것"을 예언한 말라기와 신약의 첫 번째 책이요 "예수 그리스도의 길을 예비한 세례 요한이 바로 엘리야"라고 한 마태복음을 통해 구약(Old Testament)과 신약(New Testament)은 연속적이고 일관성 있는 하나님의 말씀인 성경(The Bible)이 되었다.